Domenico Elia

L'Egitto dei faraoni

La Biblio|teca *junior*

VoLo
publisher

una produzione
VoLo publisher srl
Firenze, Italia

Titolo originale
L'Egitto dei faraoni

Progetto e testo
Domenico Elia

Redazione
Marco Salucci

Progetto grafico
e impaginazione
Silvia Tanini

Firenze, Italia
via dei Pepi, 7
50122 Firenze
Tel. +39/055/2347655
info@volopublisher.com

Stampato in Italia nel 2009
presso Gruppo Editoriale Zanardi, Italia

ISBN 13: 978-88-95065-26-7

SOMMARIO

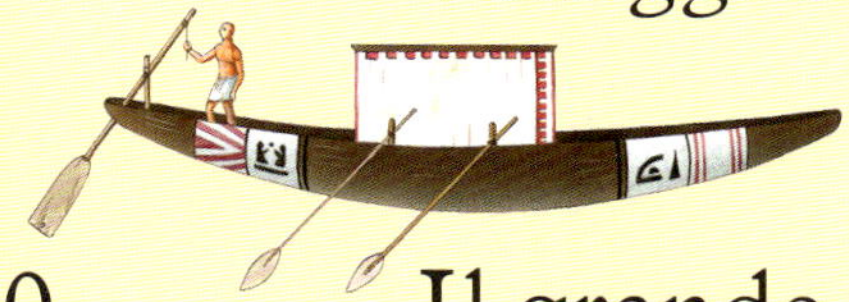

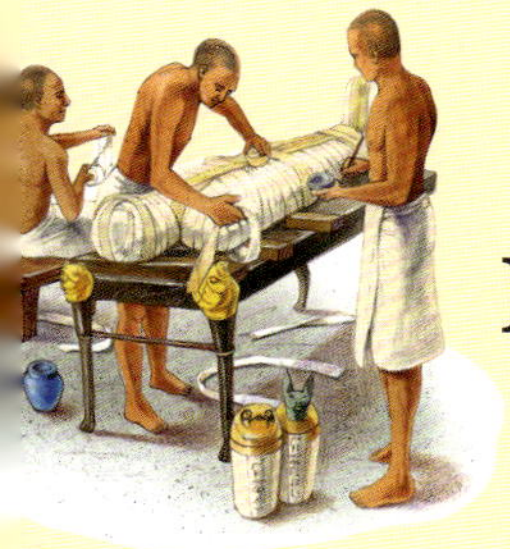

IL DONO DEL NILO

Il Nilo è il fiume più lungo del mondo (6671 chilometri). Nasce nell'Africa centro-orientale e risale verso nord. Negli ultimi 1200 chilometri scorre nella Valle del Nilo circondato dai deserti nord africani, poi, nel Delta, si divide in tanti rami e si immette nel Mar Mediterraneo. Oltre 5000 anni fa questo grande fiume ha avuto un ruolo importantissimo nella nascita e nello sviluppo dell'antica civiltà degli Egizi. A quel tempo, una volta l'anno, il fiume straripava ma le sue acque non producevano solo disastri, anzi, portavano con sé un dono: il limo, cioè un fango che rendeva fertilissimi i terreni delle due rive. Per sfruttare le piene del Nilo per la coltivazione dei campi erano comunque necessari lavori impegnativi da parte dei contadini.

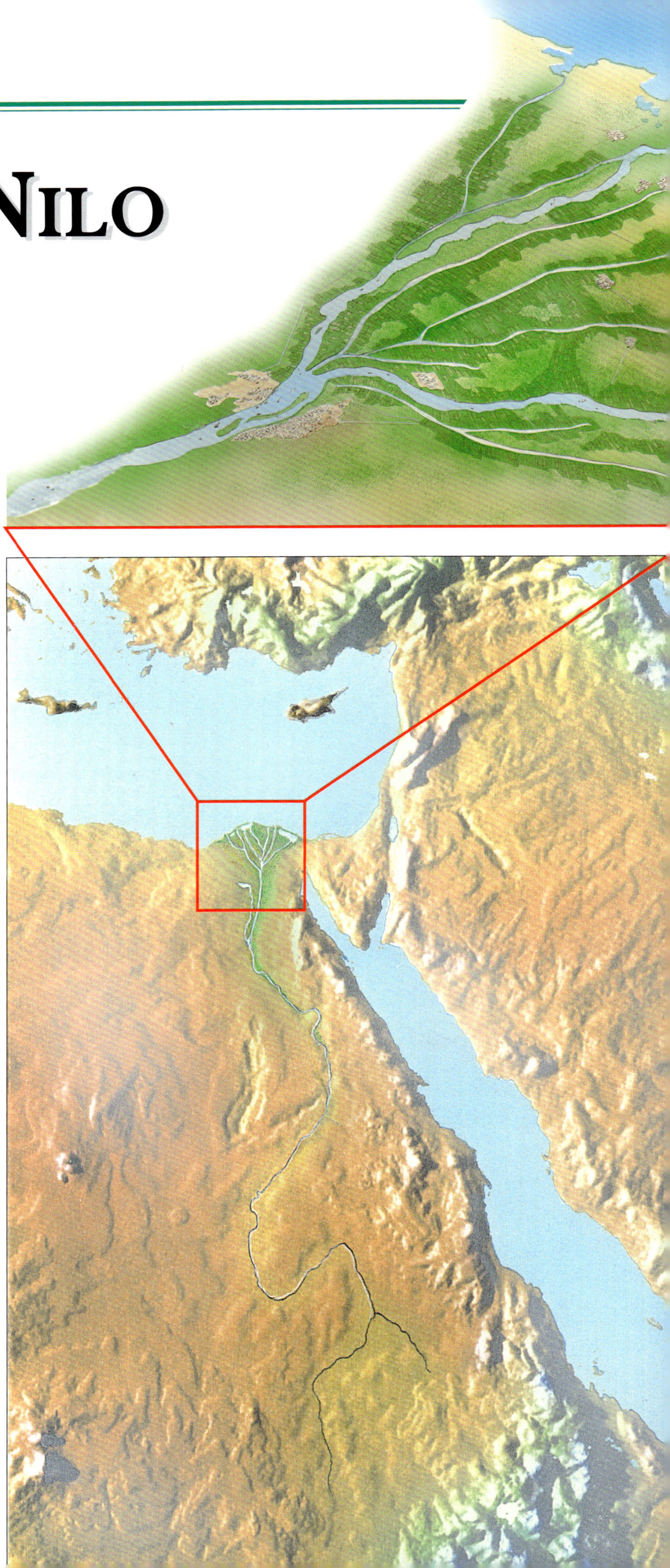

La Terra Nera
La Valle e il Delta del Nilo formano un territorio che gli Egizi chiamavano «Terra Nera» per il colore del suolo, reso scuro dal limo depositato dall'inondazione. Ai lati della Valle del Nilo ci sono le «Terre Rosse» dei deserti aridi e torridi.

Il Delta del Nilo
Il Delta del Nilo ha la forma di un triangolo equilatero di circa 200 chilometri per lato. I rami principali in cui si divide il Nilo sono cinque.

La Valle del Nilo
La Valle del Nilo è costituita da una striscia di terre lunga circa 1200 chilometri la cui larghezza varia dai 20 ai 5 chilometri.

Le cateratte
Le cateratte sono gradini nel letto del fiume. In passato il Nilo aveva sei grandi cateratte e diverse minori.

Storia e storie...

Erodoto

Erodoto di Alicarnasso (484-424 a.C.) è considerato il padre della storia. Nato in una delle colonie greche che sorgevano lungo la costa dell'attuale Turchia, Erodoto scrisse un'opera chiamata convenzionalmente *Storie,* suddivisa un secolo dopo la sua morte in nove volumi. Il secondo volume è dedicato alla descrizione della storia della terra d'Egitto. Dobbiamo a Erodoto l'invenzione della celebre espressione «L'Egitto è un dono del Nilo».

Una terra fertile
Nella parete della tomba detta «di Sennedjem», dal nome dell'uomo che vi era stato sepolto, sono dipinte figure che rappresentano il lavoro di mietitura e le preziose palme dum e da dattero.

L'unione è la forza dell'Egitto
Nel periodo estivo, a partire dalla metà di luglio, i contadini egizi si preparavano alla piena imminente del Nilo. Essi costruivano dighe, riparavano gli argini e i canali: in questo modo, infatti, contenendo la furia del Nilo, l'inondazione avrebbe portato solo effetti benefici ai campi coltivati, rendendoli fertili e produttivi.

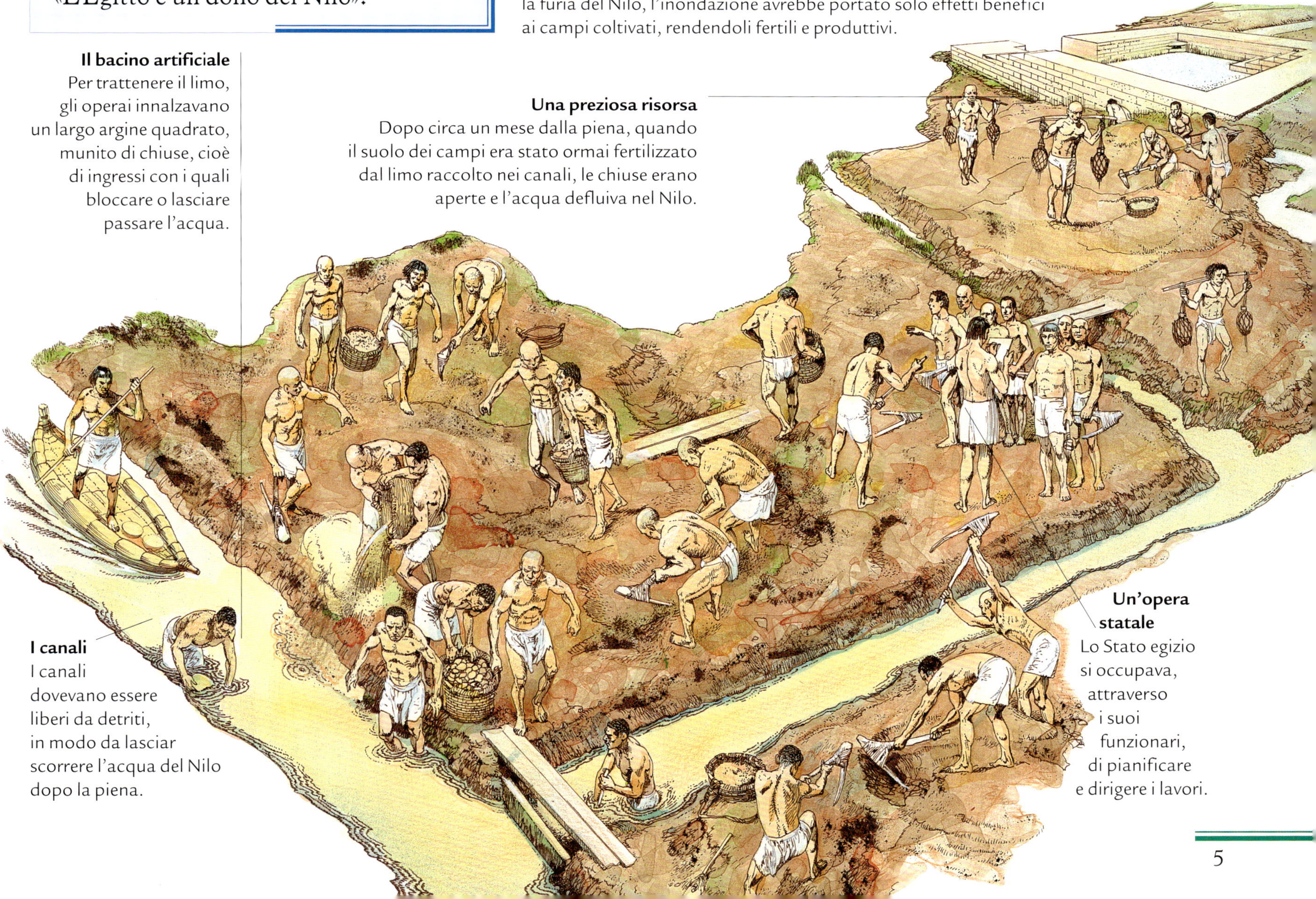

Il bacino artificiale
Per trattenere il limo, gli operai innalzavano un largo argine quadrato, munito di chiuse, cioè di ingressi con i quali bloccare o lasciare passare l'acqua.

Una preziosa risorsa
Dopo circa un mese dalla piena, quando il suolo dei campi era stato ormai fertilizzato dal limo raccolto nei canali, le chiuse erano aperte e l'acqua defluiva nel Nilo.

I canali
I canali dovevano essere liberi da detriti, in modo da lasciar scorrere l'acqua del Nilo dopo la piena.

Un'opera statale
Lo Stato egizio si occupava, attraverso i suoi funzionari, di pianificare e dirigere i lavori.

IL CALENDARIO

La vita dell'antico Egitto era organizzata secondo il ciclo del Nilo. Ogni anno si verificavano, in ordine, un'inondazione, un periodo di deflusso delle acque e una fase di siccità. I contadini tenevano conto di questo ciclo e organizzavano i loro lavori secondo un calendario preciso. Pertanto l'anno era diviso in tre stagioni di quattro mesi ciascuna: Akhet, l'inondazione, Peret, l'uscita delle acque, Shemu, la secca, o la siccità.

Il dio Hapi
Rappresentato spesso sotto forma di toro, il dio Hapi era la personificazione del Nilo.

Akhet
Akhet era la prima stagione del calendario egizio. Iniziava il 19 luglio quando la piena del Nilo cominciava a fare sentire i suoi effetti e durava fino all'autunno inoltrato, cioè fino alla stagione di Peret.

Peret
Tra metà novembre e metà marzo, durante la stagione di Peret, le acque del fiume si abbassavano permettendo ai contadini di coltivare i campi resi fertili dalla presenza del limo.

L'aratro
L'aratro egizio era tirato da un paio di buoi a cui veniva legato un rozzo vomere di legno duro.

Storia e storie...

Il nilometro

Gli Egizi ignoravano le cause delle piene del Nilo, ma ne misuravano gli effetti. Avevano infatti progettato dei bacini di raccolta delle acque, chiamati «nilometri», dove veniva fatta confluire l'acqua durante le inondazioni.
Una serie di tacche o di gradoni posti all'interno di questi bacini segnalava il livello della piena raggiunto quell'anno. Oggi sappiamo che la piena del Nilo è provocata dall'aumento della portata dei suoi affluenti situati a monte della valle del Nilo.

Shemu
La stagione di Shemu iniziava a metà marzo e terminava a metà luglio. In questi mesi il Nilo raggiungeva il suo livello più basso. I contadini, durante la stagione di Shemu, si dedicavano ai lavori di raccolta.

La zappa
La zappa frantumava le zolle di terra rese compatte dall'indurimento del limo.

La formazione dello Stato

Nella fascia dell'Africa nord-orientale attraversata dal Nilo esistevano fin dal 4000 a.C. numerosi insediamenti umani, discendenti dai popoli che avevano abbandonato il Sahara al tempo in cui si era trasformato in un deserto. Soltanto un potere unitario forte, tuttavia, avrebbe potuto organizzare i lavori necessari a sfruttare le inondazioni del Nilo. Fu così che, intorno al 3200 a.C., i villaggi situati lungo il fiume si riunirono in due regni: Basso Egitto (nel Delta e nel nord della Valle del Nilo) e Alto Egitto (nel sud della Valle del Nilo). Intorno al 3000 a.C. il primo faraone, Menes, unificò i due regni.

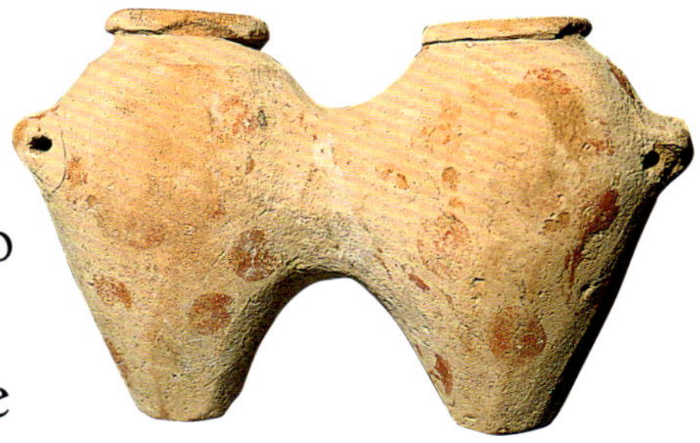

Le prime culture
Il doppio vaso in ceramica raffigurato in alto appartiene alla prima cultura storica egizia, chiamata Naqada I e durata dal 4000 a.C. fino al 3500 a.C.

Nel X-XI millennio
Nel Sahara, non ancora trasformato in deserto, i primi popoli africani vivevano di caccia, di pesca e di raccolta.

Metà del IV millennio
A partire dalla metà del IV millennio a.C. il Sahara fu interessato da un processo di desertificazione e le zone umide diminuirono.

Fine del IV millennio
Alla fine del IV millennio a.C., con la completa desertificazione del Sahara, le sue popolazioni si spostarono nella piana alluvionale del Nilo.

Il Sahara verde
Il Sahara, subito dopo la fine dell'ultima glaciazione (circa 12.000 anni fa), appariva come una terra ricca di acque.

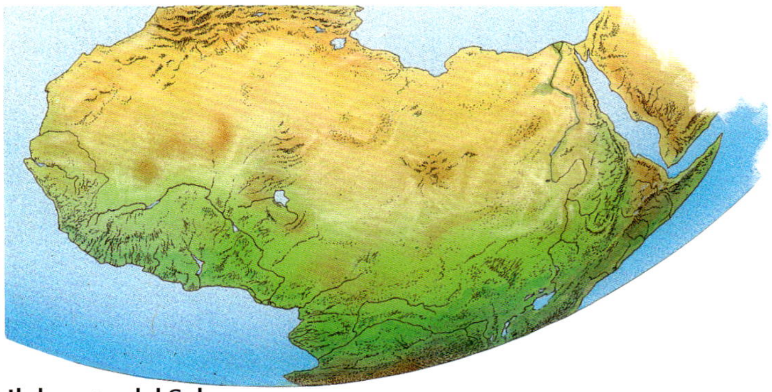

Il deserto del Sahara
Il Sahara, al termine del processo di desertificazione, divenne una terra inospitale, punteggiata qua e là solo da alcune oasi.

Le tre corone
La corona bianca, simbolo della monarchia del Basso Egitto, e la corona rossa, simbolo di quella dell'Alto Egitto, furono riunite da Menes, chiamato anche Narmer, nella doppia corona di Egitto, che cinse da allora in poi le teste di tutti i faraoni delle trenta dinastie che si succedettero in Egitto.

La tavoletta di Narmer
Nella tavoletta di Narmer, sovrano vissuto fra il 3150 e il 3125 a.C., ritenuto da molti studiosi essere lo stesso Menes, è raffigurata la riunificazione dell'Egitto: il sovrano, simbolo dell'Alto Egitto, è affiancato dal dio falco Horus, che regge una testa di prigioniero circondata da sei papiri, simbolo del Basso Egitto.

Una raffigurazione zoomorfa
Il dio Horus, in questa stele risalente alla I dinastia (3150-2925 a.C.), è raffigurato come protettore del faraone, rappresentato dal serpente.

Storia e storie...

Il Re Scorpione

Con il nome «Dinastia 0» gli storici indicano l'elenco di tutti i sovrani egizi del periodo predinastico vissuti prima del faraone Menes.
Di questi sovrani si conosce molto poco, a causa della mancanza di ritrovamenti archeologici significativi.
Uno dei sovrani più noti della «Dinastia 0» è il Re Scorpione: nel 1990 è stata ritrovata la testa di una mazza, appartenente al sovrano, nella quale, accanto alla sua figura, appare uno scorpione sormontato da una stella, simbolo di regalità.

L'ANTICO REGNO

Le prime due dinastie di sovrani egizi appartengono al Periodo Arcaico (3150-2700 a.C.), durante il quale il Paese fu unificato e il potere del sovrano si rafforzò. A partire dalla III dinastia finì il Periodo Arcaico e iniziò quello dell'Antico Regno (2700-2200 a.C.). In questi cinque secoli, le istituzioni politiche e sociali si fissarono nella loro forma definitiva.

La piramide sociale
La società egizia può essere rappresentata come una piramide, al vertice della quale vi era il faraone. Il visir era a capo di tutti i funzionari, tra i quali, al livello più alto, vi erano i governatori delle province. I sacerdoti avevano molto potere, più forte di quello dei generali. Vi erano inoltre scribi che svolgevano compiti modesti. La maggior parte della popolazione era formata da contadini, che dipendevano dal faraone direttamente, o dagli ordini sacerdotali. Essi non erano lavoratori liberi, ma servi che non potevano abbandonare la terra né disporre personalmente dei raccolti. Nell'antico Egitto gruppi di schiavi furono presenti solo in alcuni periodi ed essi furono comunque pochi.

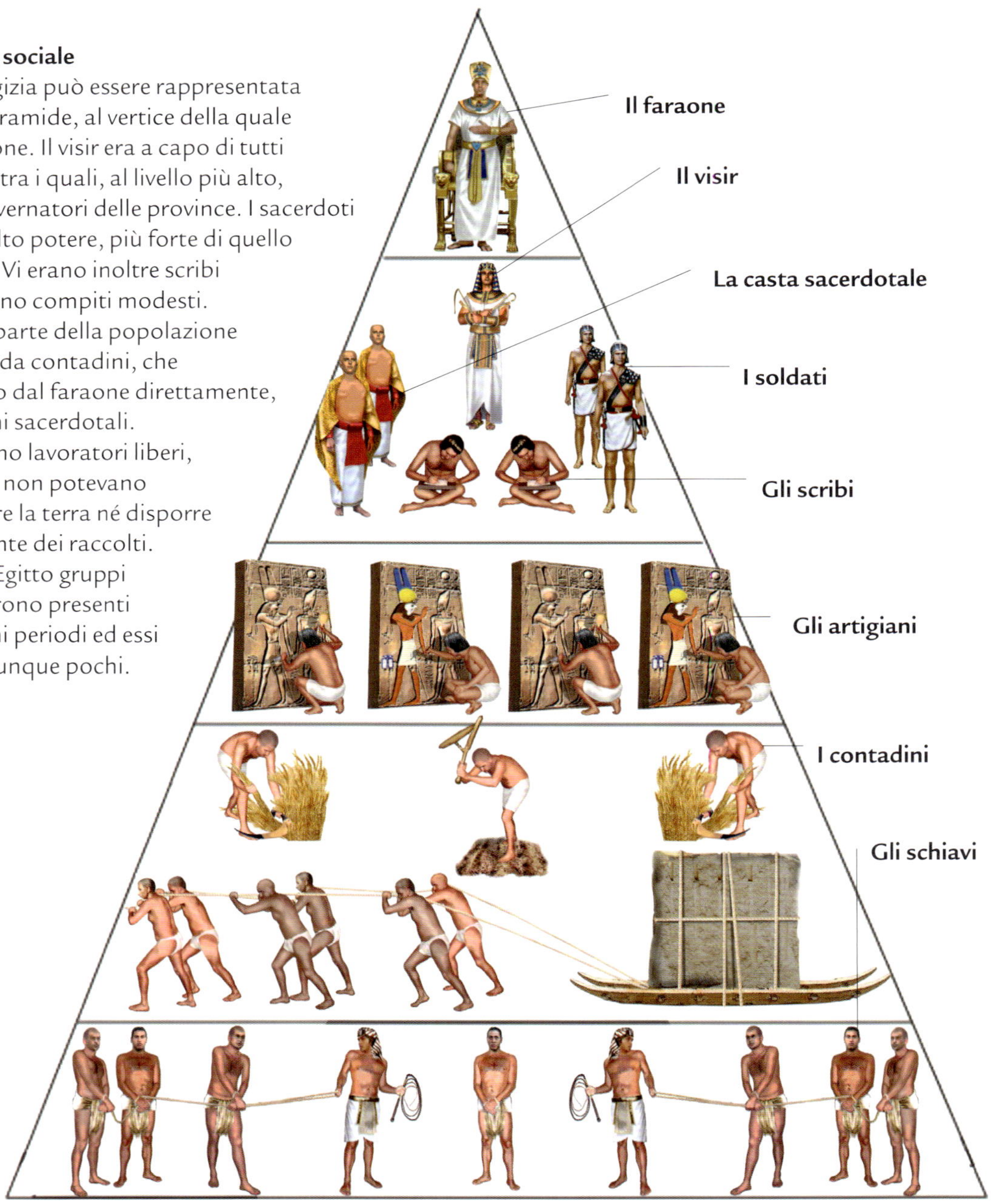

Micerino
Micerino (2532-2504 a.C.), sovrano della IV dinastia, come tutti i faraoni, era considerato figlio di Ra, la divinità del Sole. Le azioni dei faraoni si ispiravano a Maat, dea dell'ordine e della giustizia.

Il sindaco del villaggio
Questa statua in legno, nota come «sindaco del villaggio», rappresenta un funzionario del faraone, incaricato di diffondere e far rispettare il suo volere in ogni villaggio del regno.

Gli artigiani
Gli artigiani nell'antico Egitto comprendevano cavapietre, scalpellini, falegnami, carpentieri, fonditori, scultori, stuccatori, pittori. Essi erano al servizio dello Stato.

I contadini
Il vero motore della ricchezza dell'Egitto erano i contadini. Erano tenuti a consegnare una parte del raccolto ai funzionari del faraone.

Gli scribi
Gli scribi occupavano posizioni più o meno importanti. Quelli di grado inferiore registravano la quantità dei raccolti.

Storia e storie...

MENFI CAPITALE

A partire dalla III dinastia, la capitale dell'Egitto divenne Menfi, una città fortificata posta nel Basso Egitto, a poca distanza dal Delta del Nilo.
La città di Menfi rappresentò una cerniera tra il Basso e l'Alto Regno, e anche un centro di aggregazione politica e religiosa.
Sede della monarchia unificata egizia, la città era consacrata al dio Ptah, protettore degli artigiani che lavoravano alle piramidi, che furono erette a nord-ovest della città, in un altopiano desertico.

IL FARAONE, RE-DIO

Figlio del dio-Sole Ra, venerato egli stesso come una divinità, il faraone, intermediario tra gli uomini e il mondo divino, rappresentava sulla terra la potenza del dio Osiride, sovrano dell'oltretomba e delle forze naturali. Il suo potere era quasi illimitato: unico suo dovere era quello di agire seguendo la verità e la giustizia. Con la cerimonia dell'incoronazione il faraone veniva riconosciuto come sovrano e celebrato come dio. Da quel momento, secondo il popolo egizio, nel mondo avrebbero regnato l'ordine e l'armonia ed egli avrebbe assicurato prosperità all'Egitto e forza agli eserciti.
Le dinastie dei faraoni che hanno regnato sull'Egitto sono trenta. Pur con alcuni intervalli, il potere dei faraoni si è protratto per circa tremila anni, dal 3000 a.C. alla conquista romana del 30 a.C.

Il cerimoniale
Ogni gesto del faraone aveva in sé la potenza dell'atto sacro. Oltre ai simboli tradizionali, il sovrano impugnava talvolta la croce di Ankh, che dava potere di vita e di morte a chi la portava.

I simboli del potere
Nei riti solenni e in guerra, il faraone indossava la corona azzurra. Simboli della regalità erano anche la dea-cobra, avvolta sulla fronte del faraone e lo scettro a forma di pastorale.

La funzione sacerdotale
Il faraone come primo sacerdote portava al tempio il cibo e i doni da offrire ogni giorno alla divinità. Al suo passaggio la corte si inchinava in segno di omaggio.

Storia e storie...

HATSHEPSUT

Hatshepsut rappresenta il raro caso di donna che regnò sull'Egitto (1498-1483 a.C.). Salita al trono nelle vesti di reggente del figliastro, il futuro Tuthmosi III, esercitò il potere e ne indossò tutti i simboli, compresa la barba cerimoniale.

La religione

Gli Egizi veneravano un gran numero di divinità. Probabilmente queste provenivano dai culti delle varie tribù preistoriche, quando nei villaggi si adoravano dèi dall'aspetto di animali. In seguito acquistò particolare importanza il culto del dio-Sole, chiamato con diversi nomi: Ra, Aton, Amon, Horus. Anche se in teoria solo il faraone poteva officiare i più importanti riti sacri, spesso il compito era affidato ai sacerdoti.

Osiride
Una delle più importanti divinità egizie era Osiride, il sovrano dell'Oltretomba. Come divinità dell'aldilà, giudicava le anime dei defunti. Rappresentava le forze positive e vitali della natura e si opponeva a Seth, divinità simbolo del male.

L'Enneade
In Egitto si tentò di mettere ordine nell'insieme delle divinità, stabilendo al loro interno delle parentele. La città di Eliopoli fu il primo grande centro religioso dell'antico Egitto. I teologi eliopolitani trasmisero un sistema basato su un gruppo di nove dèi (Enneade).

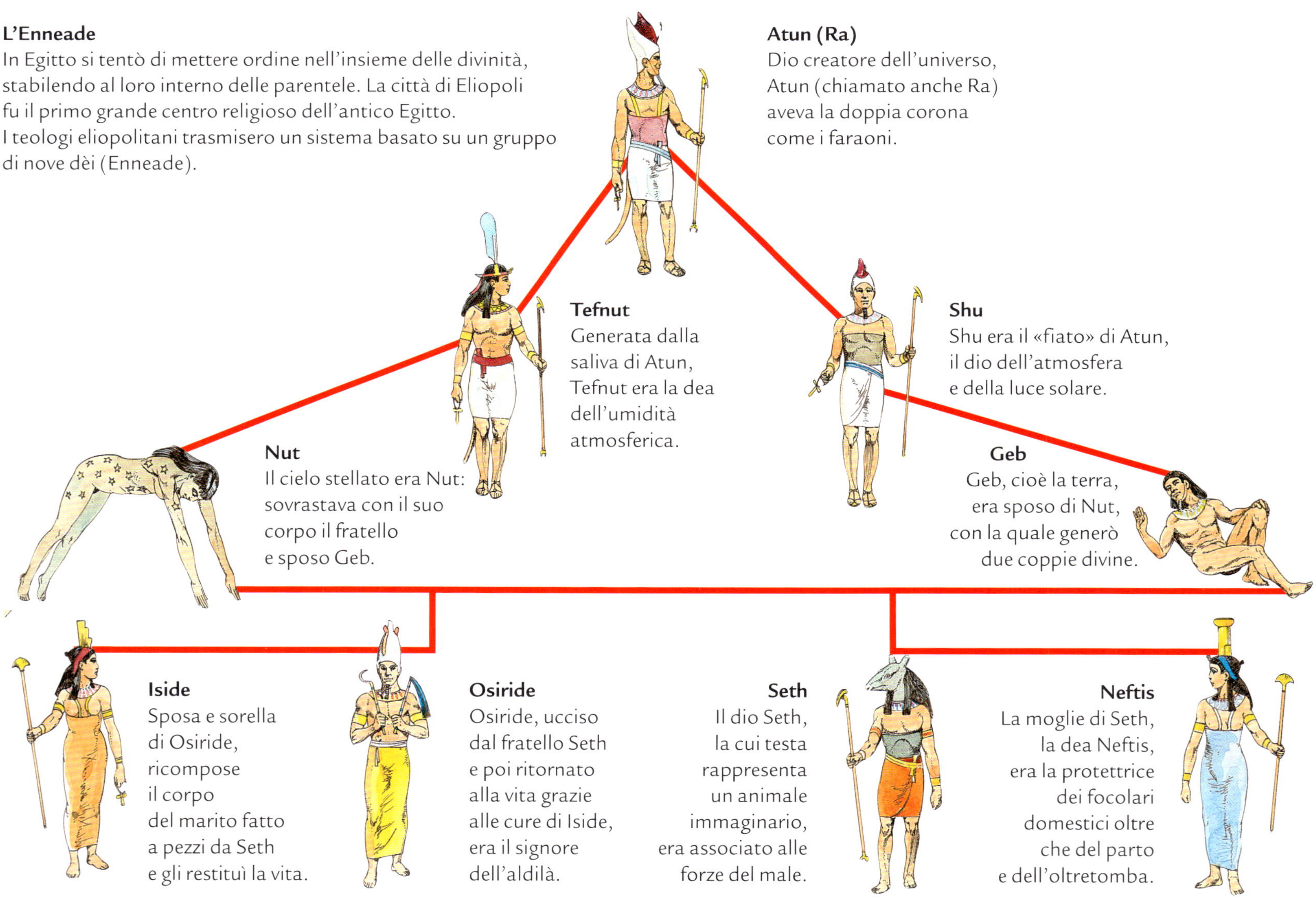

Atun (Ra)
Dio creatore dell'universo, Atun (chiamato anche Ra) aveva la doppia corona come i faraoni.

Tefnut
Generata dalla saliva di Atun, Tefnut era la dea dell'umidità atmosferica.

Shu
Shu era il «fiato» di Atun, il dio dell'atmosfera e della luce solare.

Nut
Il cielo stellato era Nut: sovrastava con il suo corpo il fratello e sposo Geb.

Geb
Geb, cioè la terra, era sposo di Nut, con la quale generò due coppie divine.

Iside
Sposa e sorella di Osiride, ricompose il corpo del marito fatto a pezzi da Seth e gli restituì la vita.

Osiride
Osiride, ucciso dal fratello Seth e poi ritornato alla vita grazie alle cure di Iside, era il signore dell'aldilà.

Seth
Il dio Seth, la cui testa rappresenta un animale immaginario, era associato alle forze del male.

Neftis
La moglie di Seth, la dea Neftis, era la protettrice dei focolari domestici oltre che del parto e dell'oltretomba.

Il santuario
La parte più alta e buia del tempio era costituita dal santuario. Al suo interno avevano accesso soltanto il faraone e i sacerdoti.

Il potere dei sacerdoti
La casta sacerdotale divenne ben presto molto potente. I governatori delle province dell'Antico Regno furono scelti spesso tra i sacerdoti e questo accrebbe l'autorità della casta sacerdotale.
I templi diventarono dei veri e propri centri di potere che in alcuni casi si opposero alla monarchia stessa.

Storia e storie...

Culto di Akhenaton

Il faraone Akhenaton (1372-54 a.C.), spaventato dal crescente potere che aveva assunto il clero di Amon (un altro dei nomi del dio Sole, Ra), proclamò un culto monoteistico basato su Aton, il disco solare. Alla sua morte, però, il culto di Amon riprese il suo potere precedente.

IL CULTO DEI MORTI

Gli Egizi attribuivano grande importanza al destino degli uomini dopo la morte. L'aldilà era posto a occidente dove il Sole tramonta. Era considerato come il luogo per la prosecuzione della vita terrena, nel quale ognuno avrebbe continuato a svolgere le proprie attività quotidiane. Si riteneva, però, che per ottenere la vita ultraterrena fosse necessario conservare intatto il corpo. Per questo gli Egizi divennero maestri in complessi procedimenti di imbalsamazione. Ai corpi dei faraoni furono riservate sepolture monumentali che assunsero forme diverse nel tempo.

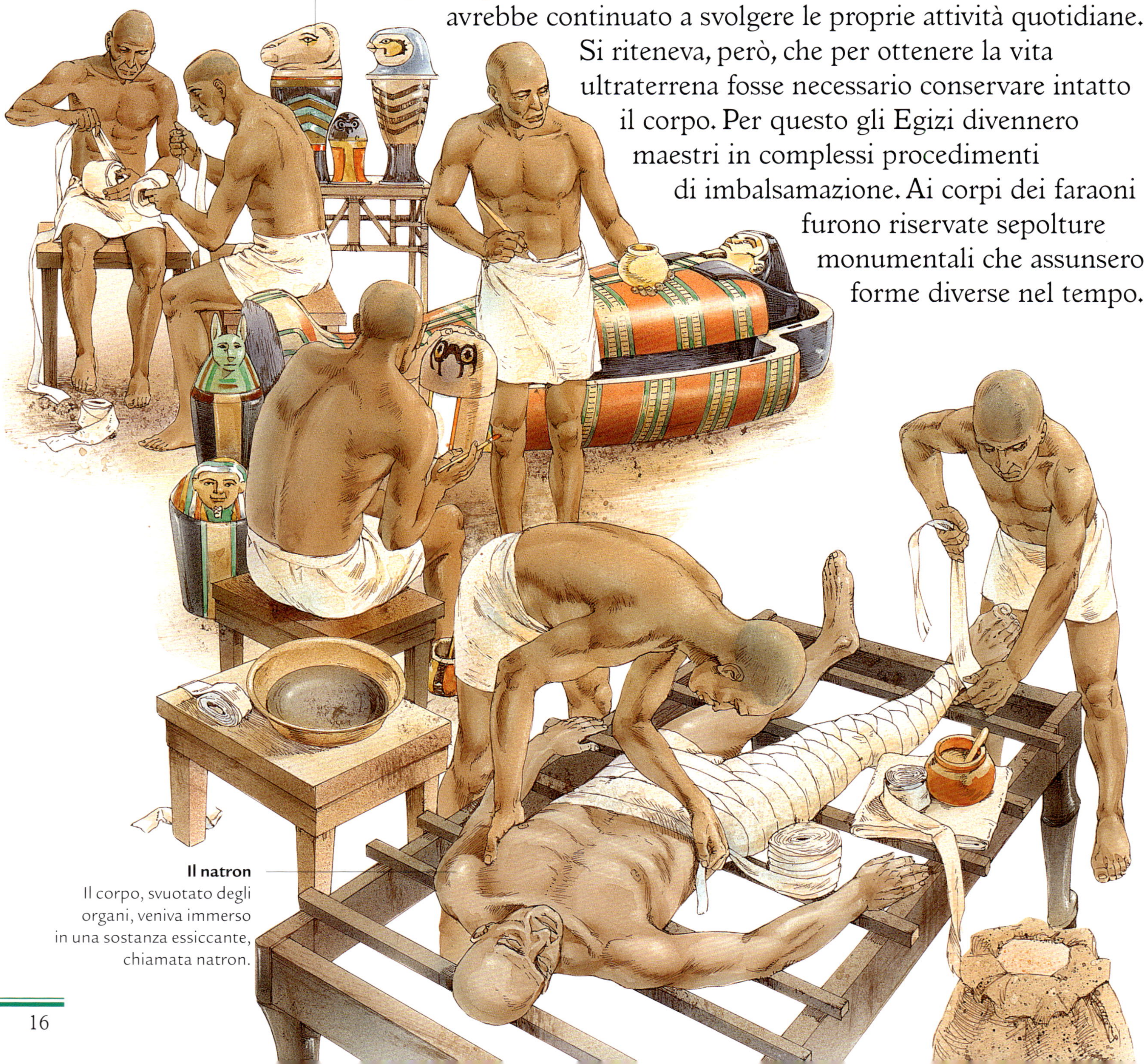

Vasi canopi
Il fegato, i polmoni, lo stomaco e l'intestino estratti dal corpo del defunto e accuratamente lavati venivano riposti in quattro diverse urne funerarie: i canopi.

Il natron
Il corpo, svuotato degli organi, veniva immerso in una sostanza essiccante, chiamata natron.

LE PIRAMIDI

Attorno alla metà del III millennio a.C., le tombe dei faraoni furono costruite nella forma piramidale perfetta: si tratta delle celeberrime tre piramidi di Giza, presso l'antica capitale Menfi. Oggi nei pressi di Giza sorge Il Cairo, capitale dell'attuale Egitto.

La costruzione delle piramidi
Gli storici e gli archeologi non sono ancora riusciti a ricostruire le tecniche con le quali gli Egizi edificarono le loro piramidi. Ci sono infatti diverse teorie riguardo al tipo di rampe lungo le quali essi trasportavano i massi verso l'alto. Ciascuna ipotesi è sottoposta a obiezioni. Su come facessero gli Egizi a trasportare i massi e a innalzarli sussistono ancora molti dubbi.

La piramide di Micerino
La piramide di Micerino, la più piccola del complesso di Giza, è alta 66 metri con una base di 108x108 metri.

Un rivestimento robusto
Nonostante le rimozioni subite nel corso dei secoli, la piramide di Micerino, costruita nel 2490 a.C., conserva l'originale rivestimento in granito.

I muratori

Pochi erano i lavoratori specializzati che si dedicavano tutto l'anno alla costruzione delle piramidi. La maggior parte dei muratori erano contadini dei villaggi, costretti a trasferirsi nei cantieri delle piramidi durante le piene del Nilo, quando cioè non potevano coltivare i campi.

Lavoro a catena

Tutte le operazioni (estrazione e trasporto della pietra, squadratura, messa in opera ecc.) si svolgevano in una sorta di lavoro a catena per evitare «ingorghi» o tempi morti.

Le rampe

Per elevare la piramide si procedeva forse con l'aiuto di grandi rampe ascendenti ad andamento alternato, lungo le quali, con l'ausilio di slitte, venivano trascinati gli enormi blocchi squadrati di pietra. Secondo alcuni, la pendenza moderata di queste rampe poteva adattarsi alle operazioni di rivestimento delle pareti, ma non alle esigenze della costruzione.

Le pietre

Le piramidi furono costruite per la maggior parte in pietra calcare. I rivestimenti dei corridoi e delle camere erano soprattutto in granito, mentre per le sculture si usava l'arenaria, una pietra più dura del calcare ma più tenera del granito.

Il cantiere di Micerino

I blocchi di pietra provenivano dalle cave di Assuan e il tragitto da fare per completare il loro trasporto era lungo 800 chilometri attraverso tutto l'Alto Egitto.

Una moltitudine di uomini

Riferendosi alla costruzione di una piramide, lo storico greco Erodoto parla di 100.000 uomini che vi lavoravano ininterrottamente in turni di tre mesi per 20 anni.

Il trasporto dei blocchi

I blocchi venivano trasportati lungo il Nilo e poi, trainati con slitte di legno, erano fatti scivolare su rulli e infine sollevati.

Il sollevamento dei blocchi
Per sollevare oltre 2 milioni di blocchi di calcare del peso di 2 tonnellate e mezzo ciascuno alcuni storici pensano che gli operai egizi abbiano utilizzato un argano come quello qui raffigurato.

Le cavità per distribuire il peso
Affinché il peso delle pietre sovrastanti la camera di Cheope venisse distribuito in modo da evitare il crollo del soffitto, furono scavate cinque cavità sopra di esso.

La camera più alta
Qui veniva collocato il corpo del faraone. Vi si accede dalla galleria più grande.

L'interno
L'interno delle piramidi era concepito come un labirinto. Passaggi chiusi, pozzi, sbarramenti dovevano servire a disorientare chi volesse tentare di penetrare nelle tombe dei faraoni per appropriarsi dei loro tesori.

La camera della regina
Si trova in posizione centrale.

La camera più bassa
Un corridoio discendente introduce nella camera più bassa, forse costruita per ingannare i ladri oppure ideata nel progetto iniziale e poi non conclusa.

La mastaba
La mastaba è il tipo più antico di sepoltura monumentale egizia. L'edificio a un solo piano ha le pareti esterne leggermente inclinate.

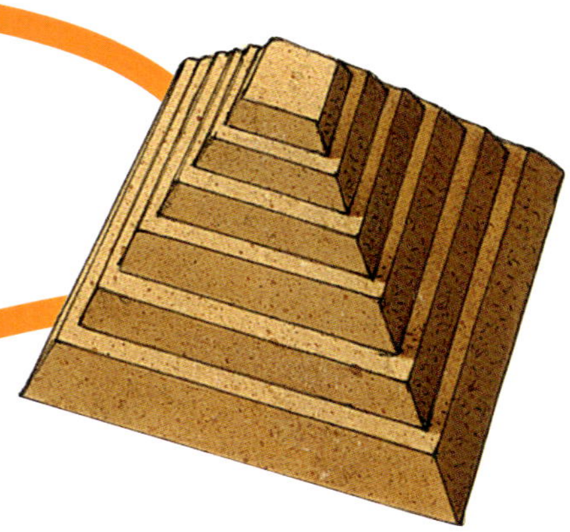

La piramide a gradoni
Una serie di mastabe degradanti e sovrapposte formano una piramide detta a gradoni. L'esempio meglio conosciuto è la piramide del faraone Zoser (2680-2660 a.C.) a Saqqara. Questa piramide ha la base di 121x109 metri e un'altezza pari a 60 metri.

La piramide romboidale
La piramide del faraone Snefru (2630-2609 a.C.) a Dahshur presenta una variazione di angolazione dello spigolo: da 54°27' nella parte bassa, a 43°22' in quella superiore. Ha la base di 188x188 metri e l'altezza pari a 97 metri.

La forma definitiva e perfetta
La piramide del faraone Cheope (2605-2580 a.C.) si presenta come la piramide dalla forma perfetta e definitiva. La base di questa enorme struttura è di 230x230 metri, mentre l'altezza raggiunge i 146 metri.

Il viaggio nell'aldilà
Il corpo del defunto, con il cuore al proprio posto, avvolto nelle bende di lino e trattato con resine e spezie, era pronto per la sepoltura. Secondo la religione egizia, prima di essere ammesso alla vita ultraterrena il defunto doveva superare un processo presieduto dal dio dell'aldilà, Osiride.
Infine, il dio della giustizia, Thot, misurava il cuore del defunto su una bilancia. Se questo era più leggero di una piuma, il defunto era accolto nel Regno dei Morti. Altrimenti, sarebbe stato divorato da un Ammit, una creatura mostruosa.

Storia e storie...

ANUBI

Nella religione egizia, il dio Anubi, dalla testa di sciacallo nero, sovrintendeva all'imbalsamazione ed era dunque il protettore di quanti praticavano questo procedimento molto complesso. Protettore del Regno dei Morti, assisteva, insieme a Thot, il dio della sapienza, al processo fatto al defunto, nel quale avveniva la «pesatura del cuore». Anubi aiutò Iside a ritrovare i pezzi del defunto marito Osiride.

La piramide di Chefren
La piramide di Chefren, risalente al 2520 a.C., è alta 136 metri con una base di 210x210 metri. Al suo culmine rimane ancora il rivestimento originale in lastre di calcare.

La Grande Piramide
La piramide di Cheope, secondo faraone della IV dinastia, è chiamata anche «Grande Piramide» per le sue dimensioni superiori, seppure solo di qualche metro, a quelle delle altre. Costruita intorno al 2550 a.C., la piramide è composta con quasi due milioni e mezzo di blocchi di calcare compatto, ognuno dei quali pesa in media due tonnellate e mezzo.

Tre piccole piramidi
Ai piedi della Grande Piramide, sono stati rinvenuti i resti di tre piramidi, di dimensioni molto più piccole rispetto alle altre. Al loro interno furono seppellite le mogli di Cheope: per questa ragione, alle tre piramidi è stato dato il nome di «Piramidi delle Regine». Rispetto alle tre piramidi maggiori, quelle delle Regine hanno subito una maggiore erosione.

La barca cerimoniale
Il trasporto del corpo del faraone in una barca fin dentro la piramide faceva parte della cerimonia funebre e significava che l'imbarcazione sarebbe servita al sovrano nel suo viaggio di ricongiungimento con il Sole, suo padre e simbolo di regalità e rinascita.

Misure e orientamento
La Grande Piramide è alta 147 metri; i suoi lati, orientati secondo i punti cardinali come quelli delle altre piramidi, formano un angolo al vertice di 51,5 gradi. Gli spigoli rappresentavano i raggi del Sole che dal cielo raggiungono la terra.

La processione
I sacerdoti avevano il capo rasato per assicurare una perfetta pulizia del corpo.

La barca cerimoniale
Le imbarcazioni funerarie venivano costruite con una forma speciale che imitava la barca usata dal dio-Sole durante il suo viaggio nel mondo sotterraneo. Il corpo del faraone viaggiava sotto il baldacchino.

La grande *Sfinge*
Scolpita in un grosso affioramento di roccia calcarea, la statua della *Sfinge* ha il corpo di un leone disteso e il volto di un re, probabilmente Chefren.

Il complesso funerario
Il complesso della piramide comprendeva due templi collegati tra loro. Nel primo, che si affacciava sul Nilo, era portato il faraone per le operazioni di mummificazione. Poi, con i sacerdoti in testa, una lunga processione trasportava il re al tempio funerario, annesso alla piramide, dove i sacerdoti compivano riti sacri.

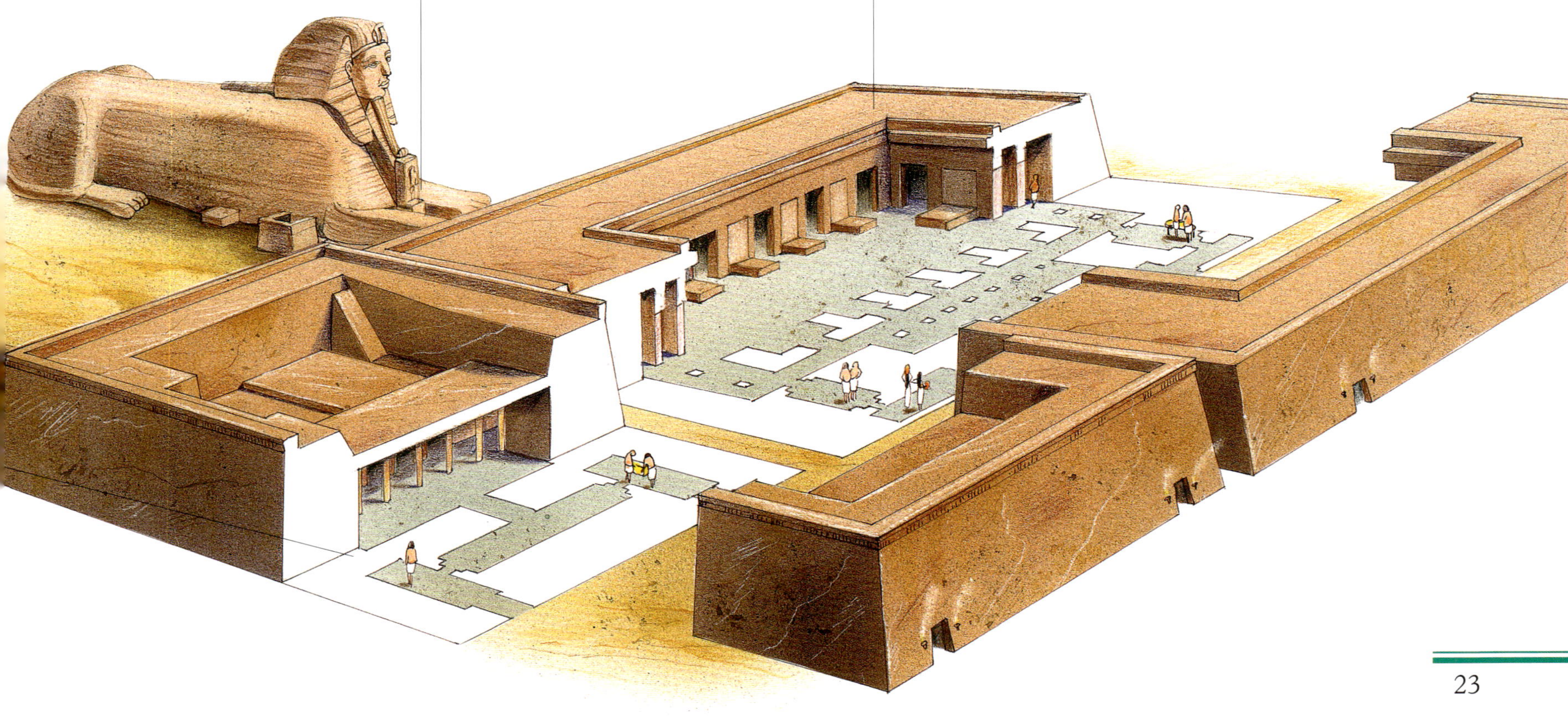

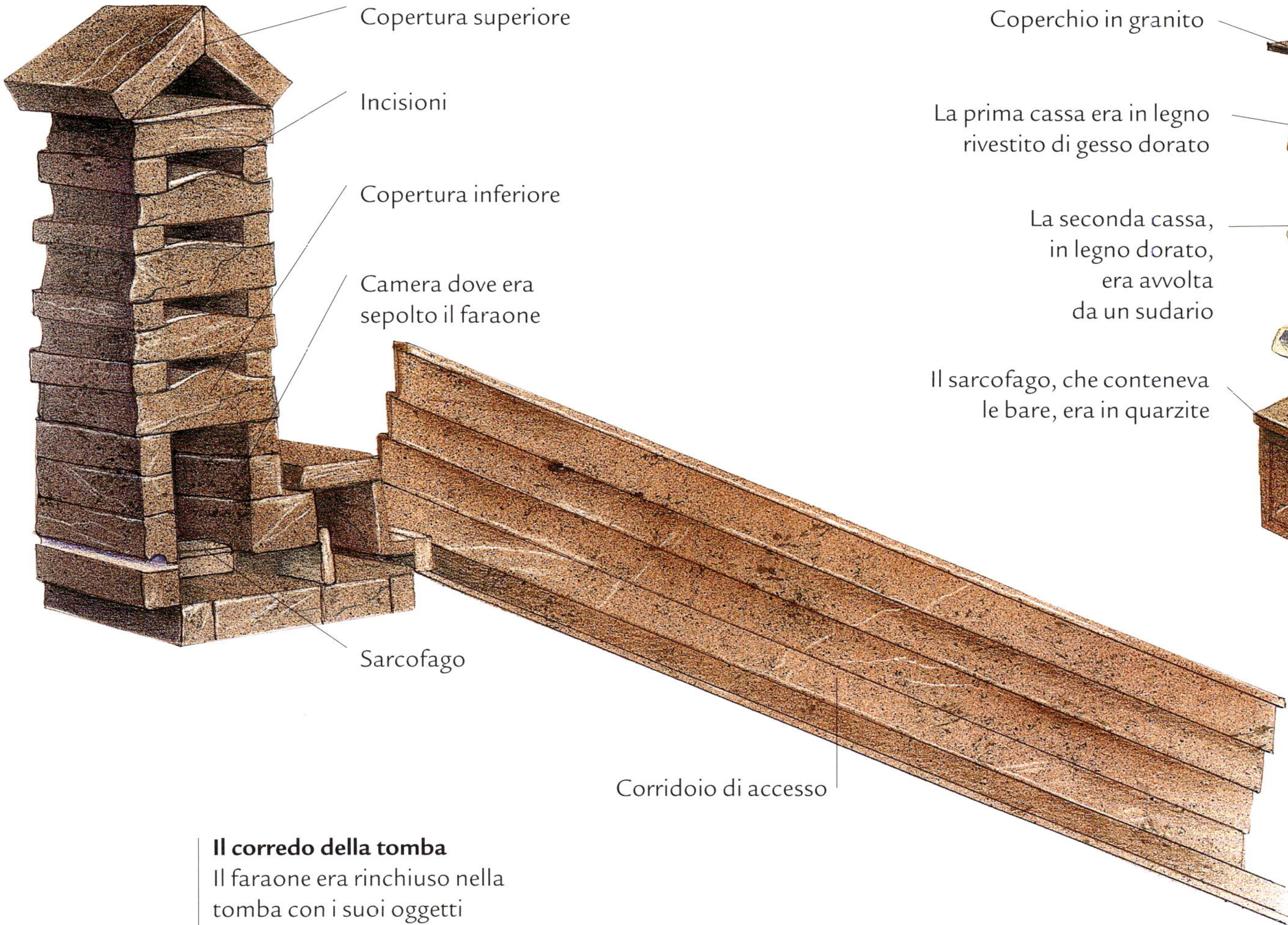

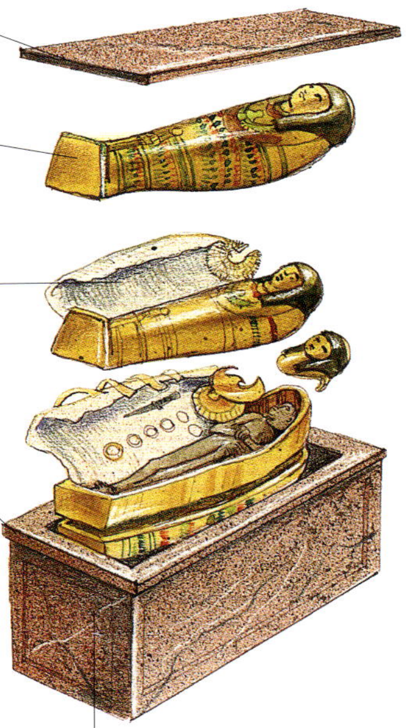

Il sarcofago
Completate le operazioni di mummificazione e bendatura, la mummia veniva chiusa nel sarcofago. Veniva il momento del funerale vero e proprio.

Il corredo della tomba
Il faraone era rinchiuso nella tomba con i suoi oggetti personali e d'uso quotidiano, che si pensava potessero essergli utili nell'aldilà.

La mummificazione
Il processo di mummificazione durava più di sessanta giorni.
Gli Egizi ritenevano che se il faraone non avesse mantenuto il corpo intatto dopo la morte non avrebbe potuto accedere al Regno dei Morti.

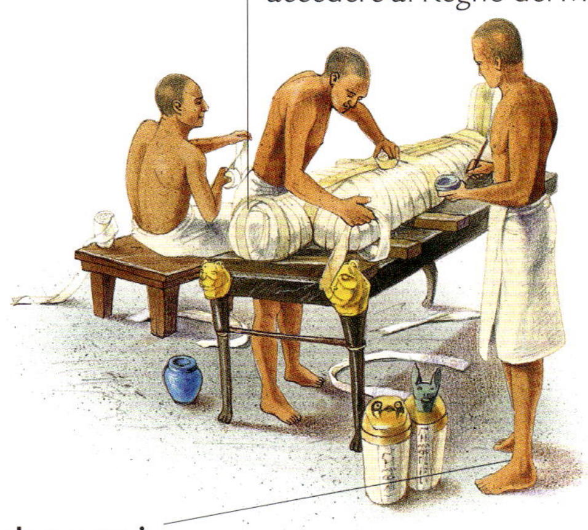

Il tipo di oggetti
In alcune tombe, perfettamente conservate, sono stati trovati sedie, letti, piccoli tavoli, panchetti, supporti per vasi, e poi oggetti da toeletta, parrucche, vestiti, biancheria e persino alimenti.

Gli imbalsamatori
Gli imbalsamatori che si occupavano della mummificazione del corpo conoscevano l'anatomia umana e la chimica.

Il tempio
La *Sfinge*, accasciata come un guardiano ai piedi dell'estremità orientale del complesso funerario di Giza, è parte del complesso del tempio in Valle di Chefren.

Il Medio Regno

Con la fine della VI dinastia, intorno al 2190 a.C., si verificò una crisi sociale ed economica, chiamata «Primo Periodo Intermedio», dovuta alle carestie e alla perdita di potere da parte dei faraoni a vantaggio dei governatori locali. Questa fase ebbe fine quando principi originari della città di Tebe ricostituirono a partire dal 1990 a.C. l'unità dell'Egitto e ripresero il potere, formando la XII dinastia. Ebbe inizio il Medio Regno, che durò fino al 1785 a.C.

Il pane
Il pane rappresentò l'alimento principale degli Egizi. Nella statuetta in alto, risalente al 2200 a.C. circa, una donna prepara il pane.

La birra
La birra, ricavata dalla fermentazione dei pani d'orzo, era una bevanda molto apprezzata dagli Egizi. Nella foto si può vedere una piccola scultura che rappresenta donne che filtrano grandi pani d'orzo per preparare la bevanda alcolica.

Il riunificatore
Mentuhotep II (rappresentato nella statuetta a fianco) ebbe un ruolo importante nel ripristino dell'autorità del faraone: durante il suo dominio (2064-2013 a.C.), infatti, ebbe inizio la riunificazione del Paese e terminò la crisi sociale iniziata un secolo prima.

La scultura
Durante il Medio Regno la scultura perse la monumentalità e la regalità dei periodi precedenti. Prevalsero, al contrario, rappresentazioni di vita quotidiana, come in questa statuetta che raffigura un contadino che porta in spalle un vitello.

La bonifica del Faiyum
L'oasi del Faiyum, a nord-ovest dell'Egitto, fu realizzata grazie agli sforzi del faraone Sesostri II (1885-1879 a.C.) e dai suoi successori. L'oasi attrasse subito molti nuovi coloni: sorsero villaggi e grandi fattorie, templi dedicati al dio locale Sobek dalla testa di coccodrillo, ville signorili in cui anche i faraoni amavano ritirarsi. Non lontano dal Faiyum i faraoni vollero edificare i loro sepolcri, ispirati alle grandi piramidi antiche.

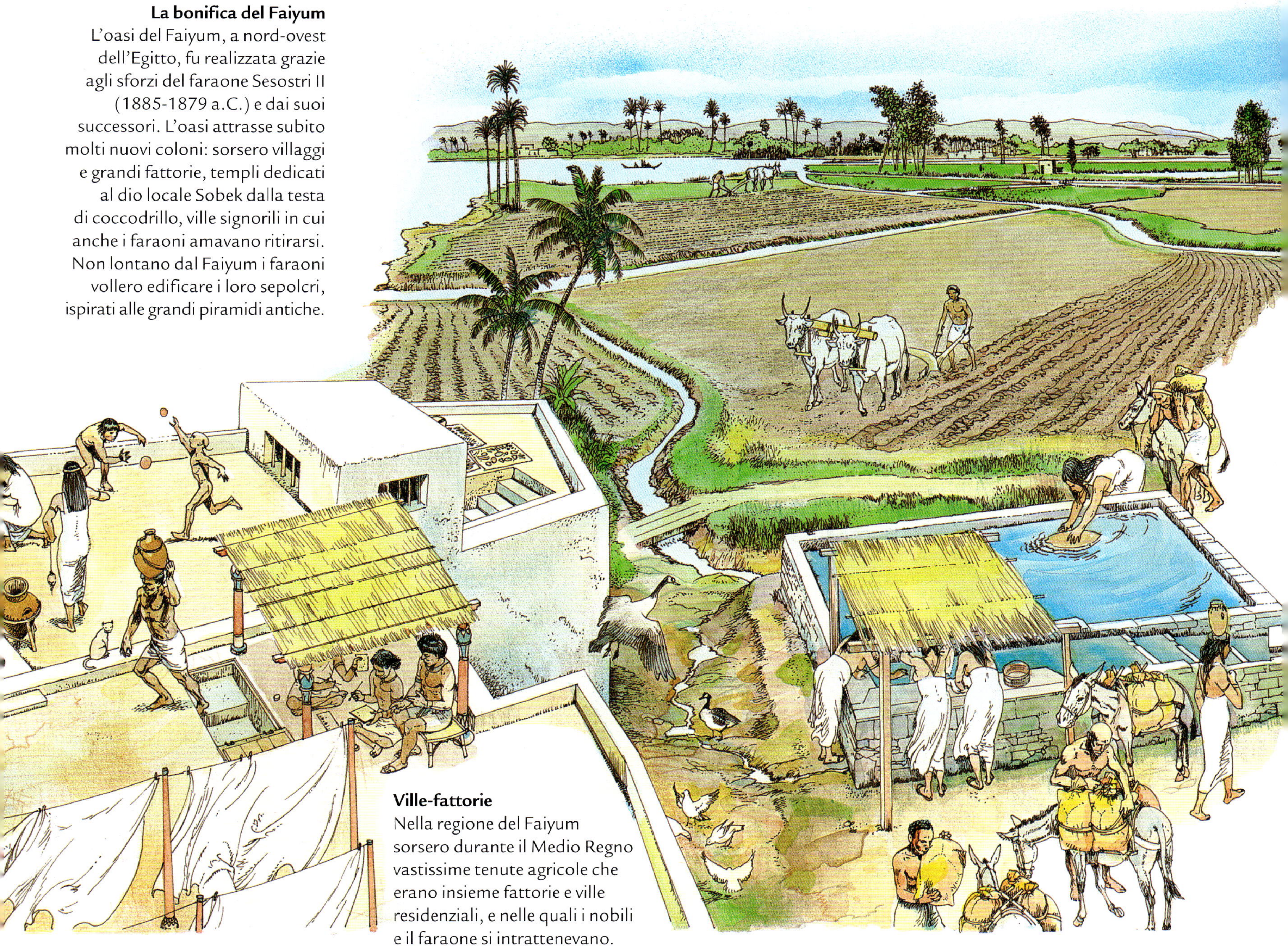

Ville-fattorie
Nella regione del Faiyum sorsero durante il Medio Regno vastissime tenute agricole che erano insieme fattorie e ville residenziali, e nelle quali i nobili e il faraone si intrattenevano.

Storia e storie...

La civiltà dei Nubiani

Durante il Medio Regno, l'attenzione dei faraoni si rivolse alla conquista della Nubia, regione a sud dell'Egitto, nota presso gli Egizi con il nome di Ta-setj, «il Paese dell'Arco». I Nubiani, infatti, erano abili arcieri che abitavano i territori a sud della 3ª cateratta. In questa regione si sviluppò la civiltà nubiana di Kerma, che durò dal 2500 al 1520 a.C. I reperti ritrovati all'interno del sito dell'omonima città testimoniano i contatti avuti con gli Egizi.

Gli scambi culturali

Nel corso del Medio Regno i contatti con gli altri popoli mediterranei (tra i quali Fenici e Cretesi) arricchirono notevolmente le conoscenze degli Egizi. Dai Fenici, per esempio, gli Egizi appresero i segreti della lavorazione della pasta vetro (faïence). Mutamenti significativi si ebbero anche nell'arte: lo stile trionfalistico dell'Antico Regno, volto a rimarcare il ruolo divino del faraone, fu sostituito da uno più realistico. Nelle scienze, gli Egizi mostrarono conoscenze molto avanzate nella medicina.

Una nuova ritrattistica
Le opere d'arte del Medio Regno si differenziano dal passato per esprimere una concezione del potere più umana rispetto all'Antico Regno. Il faraone non è più completamente divinizzato, ma ha un aspetto più realistico ed è presentato come se volesse parlare ai sudditi in modo più diretto.

Scambi commerciali
Durante il Medio Regno si intensificarono gli scambi commerciali con i nomadi asiatici, che portavano in Egitto le proprie merci a bordo di un asino, come racconta la pittura in alto.

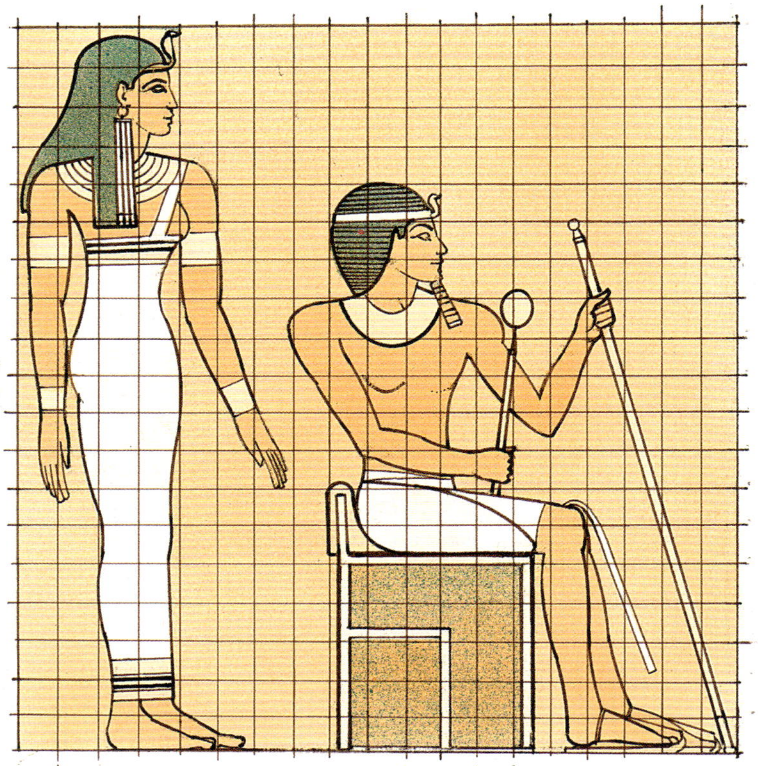

Il canone delle proporzioni
Per rappresentare la figura umana gli Egizi si attenevano a un canone, cioè a regole rigide. Dividevano la superficie da pitturare in 19 file di quadrati: utilizzavano i primi 3 per la parte dalla fronte alla base del collo; i 10 seguenti dalle spalle fino al ginocchio; gli ultimi 6 dal ginocchio alla base dei piedi.

I colori
La pittura a tempera utilizzava tinte di base ottenute con il nero di carbone, il bianco di calce, il blu della roccia di lapislazzuli, il verde della malachite, il rosso e il giallo del minerale chiamato «ocra». Nell'immagine in alto sono ritratte scene di vita quotidiana lungo il corso del Nilo.
La tempera rendeva vivaci le rappresentazioni.

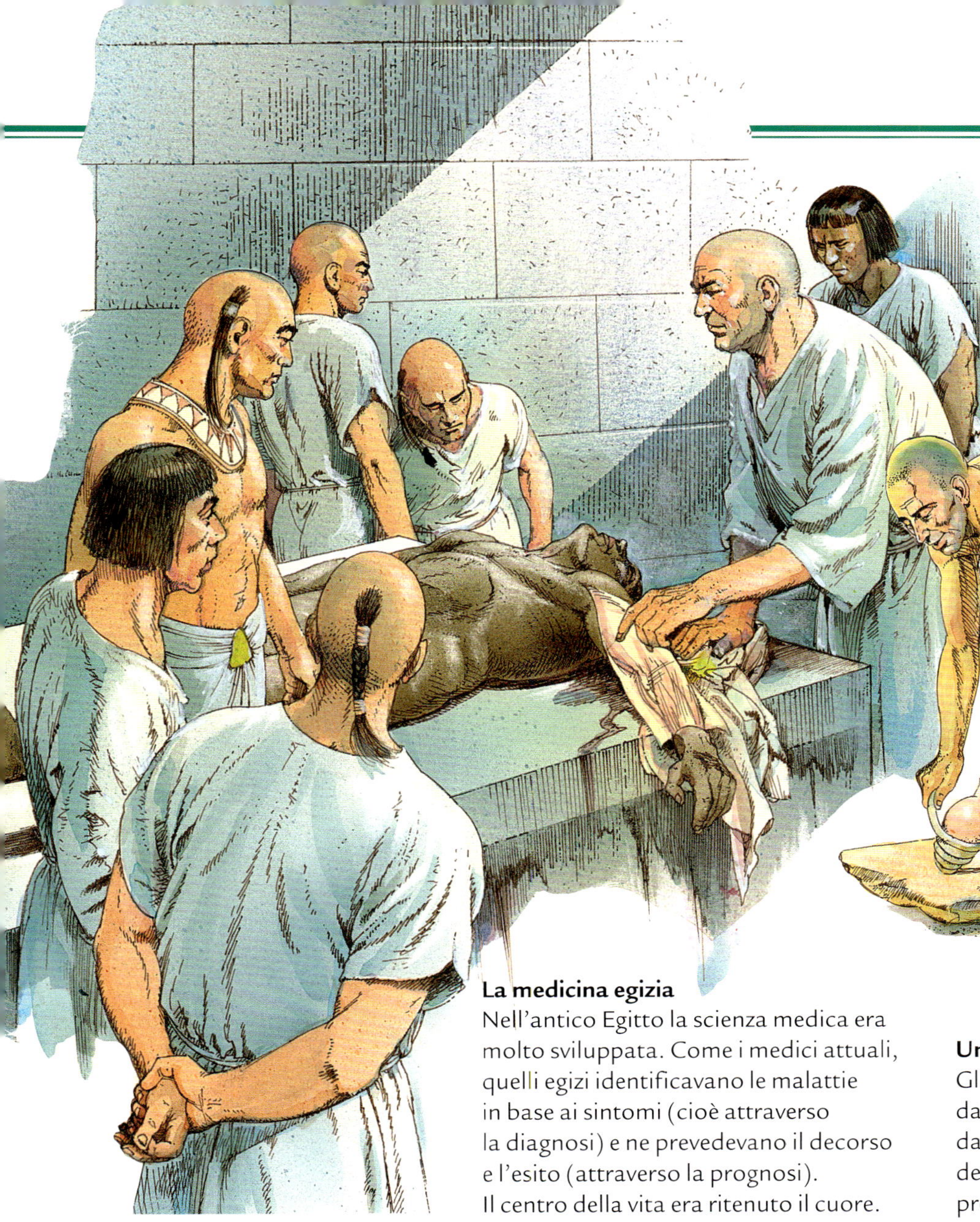

La medicina egizia
Nell'antico Egitto la scienza medica era molto sviluppata. Come i medici attuali, quelli egizi identificavano le malattie in base ai sintomi (cioè attraverso la diagnosi) e ne prevedevano il decorso e l'esito (attraverso la prognosi). Il centro della vita era ritenuto il cuore.

Oggetti di uso comune
Gli oggetti ricavati dalla faïence presentavano decorazioni dai colori vivaci ed erano d'uso comune.

Un artigianato raffinato
Gli articoli a base di faïence più richiesti erano i vasetti da profumeria, composti da un'anima di ceramica e decorati da fili di pasta di vetro di vari colori. Per ottenere la forma definitiva dell'oggetto era necessario sottoporlo a cottura prolungata in forni ad alta temperatura.

Storia e storie...

La lavorazione della faïence

A differenza di altri popoli antichi del Mediterraneo (come per esempio i Fenici), gli Egizi non conobbero né il vetro soffiato, né il vetro colato ma una pasta di vetro (detta faïence o faenza) dalla quale ottenevano fili o canne da avvolgere attorno a un'anima di ceramica. Per ottenere questo materiale, gli artigiani facevano fondere in grandi crogioli refrattari una miscela di polveri di silice e calce unite a soda, potassa e piombo. Questa tecnica di lavorazione proveniva dalla Fenicia e dalla Mesopotamia.

IL NUOVO REGNO

Genti nuove
Piccole carovane di pastori si presentarono, durante il Secondo Periodo Intermedio, sempre più numerose alla frontiera orientale dell'Egitto, chiedendo di sistemarsi nei ricchi pascoli del Delta del Nilo.

Nel 1786 a.C., con la fine della XII dinastia ebbe termine il Medio Regno e iniziò un periodo di crisi, chiamato Secondo Periodo Intermedio. Due secoli dopo, l'autorità del faraone su tutto l'Egitto fu rinnovata dai membri della XVIII dinastia: ebbe così inizio il Nuovo Regno, il periodo più florido di tutta la storia antica dell'Egitto, che durò per circa cinque secoli.

Gli Hyksos
Nel corso del XVIII secolo a.C., gli Hyksos, una popolazione proveniente dalla Palestina, invasero l'Egitto. Gli invasori si impadronirono del Delta orientale, dove fondarono una loro capitale, Avaris, che dominò tutto il Basso Egitto. La successiva guerra di liberazione iniziata dai faraoni della XVII dinastia, rifugiatisi a sud, pose fine al dominio degli Hyksos.

Il cavallo
Le invasioni dei popoli asiatici introdussero in Egitto un animale nuovo: il cavallo. Fu anche grazie al suo impiego se gli Egizi riuscirono a sconfiggere gli invasori.

Una macchina da guerra letale
Gli Hyksos combattevano secondo un modo sconosciuto agli Egizi: i loro carri, infatti, piombavano sulla fanteria egizia rompendone lo schieramento.

Tutankhamon
Il faraone Tutankhamon (1339-1329 a.C.) salì al trono quando non era che un bambino dell'età di nove anni. Regnò per altri nove anni, prima di morire appena diciottenne. La sua figura, sulla quale abbiamo poche informazioni, è legata all'abolizione della riforma religiosa del precedente faraone Akhenaton e al ritorno al culto del dio Amon. Per il grande pubblico questo faraone sarà ricordato per sempre grazie alla mole di ricchezze rinvenute all'interno della sua tomba, l'unica del Nuovo Regno a non subire saccheggi da parte dei ladri.

Il tesoro
Il 27 novembre 1922 l'archeologo inglese Howard Carter, responsabile di una spedizione finanziata dal collezionista inglese Lord Carnarvon, penetrò in una tomba intatta della XVIII dinastia. Per sgombrare l'anticamera e una saletta laterale murata occorsero tre mesi, poi fu aperta la camera sepolcrale. Conteneva cinque cofani l'uno nell'altro; nell'ultimo trovò tre sarcofaghi incastrati, nel più interno dei quali giaceva il corpo del faraone Tutankhamon così come vi era stato deposto trentatré secoli prima.

Storia e storie...

La Valle dei Re

Le sepolture dei faraoni del Nuovo Regno sono state localizzate dagli storici e dagli archeologi all'interno della Valle dei Re, sulla piana posta a occidente tra il deserto libico e il Nilo. Il primo faraone seppellito all'interno della Valle dei Re era stato Thutmosi I (1496-1483 a.C.).

Lontana e distaccata dentro l'altopiano, la desolata Valle dei Re, dominata da una montagna a forma di piramide detta «La Cima», custodisce alcuni dei monumenti più famosi della Valle del Nilo: il Tempio della regina Hatshepsut (1479-1457 a.C.); il *Ramesseum* di Ramses II; i *Colossi* di Memnone, che raffigurano Amenofi III sul trono; la tomba di Tutankhamon.
Le ricche sepolture dei sovrani, dei nobili e dei maggiori dignitari sorgevano nei luoghi meno accessibili della valle; alle loro consorti e ai figli non coronati è dedicata, più a sud-ovest, la desolata Valle delle Regine.

L'ETÀ DI RAMSES II

Ramses II (1298-1235 a.C.) fu uno dei faraoni più potenti della XIX dinastia. Durante il suo lunghissimo regno, durato sessantaquattro anni, Ramses II rese l'Egitto uno dei Paesi più influenti del Mediterraneo: abile condottiero, sconfisse a Kadesh nel 1279 a.C. gli Ittiti, un popolo che risiedeva nell'attuale Turchia. Edificò anche grandiosi monumenti come il tempio di Abu Simbel e il *Ramesseum*.

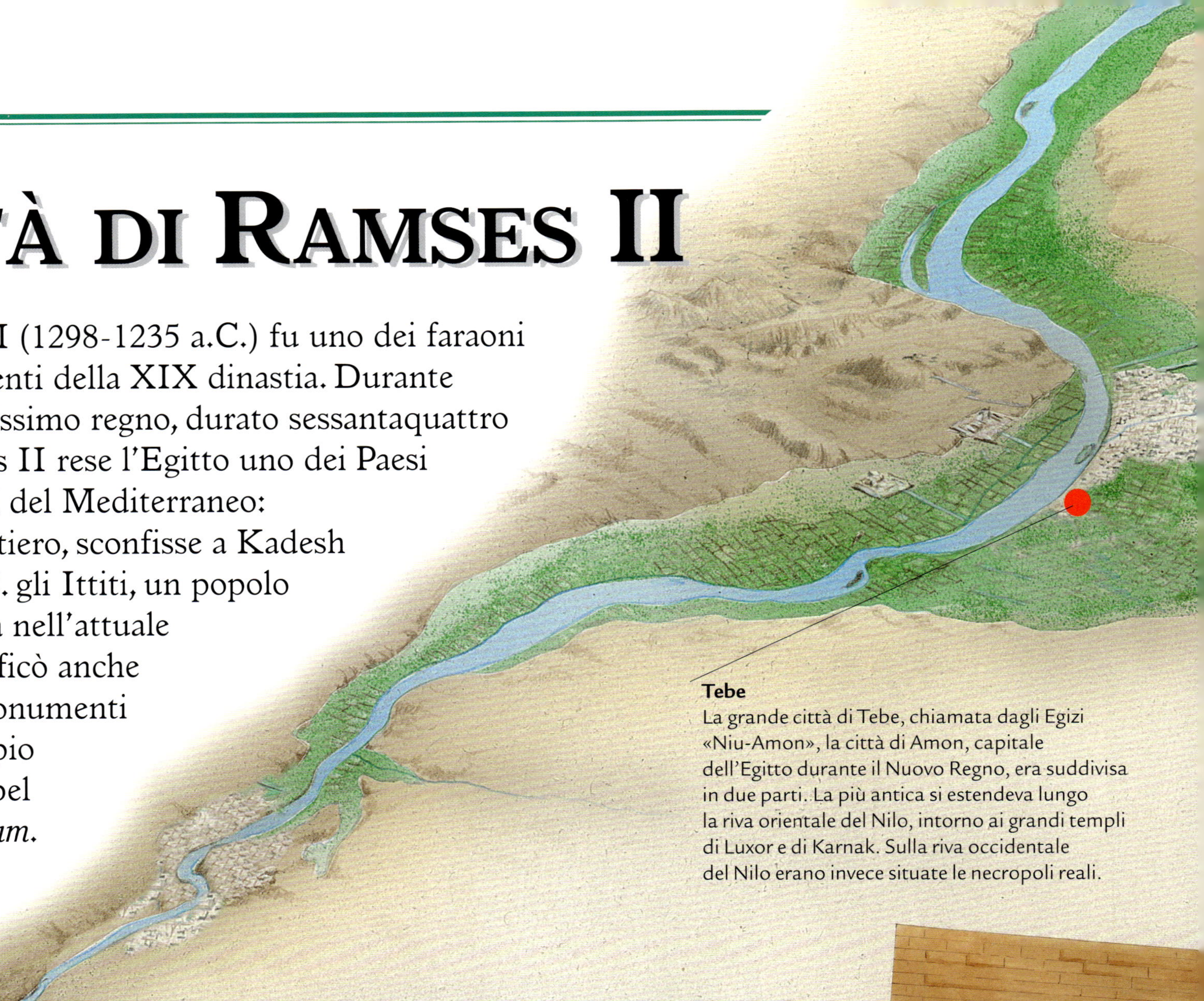

Tebe
La grande città di Tebe, chiamata dagli Egizi «Niu-Amon», la città di Amon, capitale dell'Egitto durante il Nuovo Regno, era suddivisa in due parti. La più antica si estendeva lungo la riva orientale del Nilo, intorno ai grandi templi di Luxor e di Karnak. Sulla riva occidentale del Nilo erano invece situate le necropoli reali.

Il *Ramesseum*
Il complesso funerario di Ramses II, noto anche come *Ramesseum*, si sviluppa su due terrazze, circondate da un muro a forma trapezoidale dalle dimensioni di 180x257 metri. Il tempio, invece, misura 58x183 metri. Il tempio, tuttavia, è stato gravemente danneggiato nel corso dei secoli, probabilmente a causa di un terremoto che lo colpì già in epoca antica.

Luxor
Il tempio di Luxor, sorto nei pressi della città di Tebe, era dedicato al culto di Amon. Una volta l'anno, secondo le credenze popolari, il dio Amon si recava all'interno di questo tempio per visitare la sua sposa. I festeggiamenti per questo evento prendevano il nome di «festa di Opet».

Storia e storie...

Il trasferimento di Abu Simbel

Nel 1970 una diga sbarrò il Nilo all'altezza della città di Assuan, nel sud dell'Egitto, dando origine al lago Nasser. In quell'occasione, per evitare che l'acqua sommergesse il tempio rupestre di Abu Simbel, le grandi statue del faraone furono smontate e rimontate 210 metri più indietro e 654 metri più in alto della sede originaria attraverso una grandiosa opera di ingegneria. Tra il 1963 e il 1972 il monumento fu sezionato in pezzi di non più di 20 tonnellate ciascuno e ricostruito come se si trattasse di un gigantesco puzzle.

Un'opera propagandistica
I rilievi incisi sulla facciata del tempio di Luxor avevano carattere propagandistico: il popolo doveva ricordare la vittoria a Kadesh contro gli Ittiti, raccontata in quelle immagini.

Un tempio grandioso
Il tempio di Luxor, creato sotto il regno di Amenhotep III, fu ingrandito sotto quello di Ramses II. Egli fece aggiungere un cortile recintato da alte mura, due obelischi e sei statue.

Il cantiere
Alla costruzione del tempio, lavorò un gran numero di operai, per la maggior parte costituiti dai prigionieri catturati da Ramses II nel corso delle sue battaglie.

VILLAGGI E CITTÀ

Nei villaggi le abitazioni erano composte di una sola piccola stanza. Aperture strette sbarrate con graticci di legno non facevano filtrare i raggi del sole e mantenevano freschi gli interni. In città le abitazioni erano più spaziose e a volte gli edifici potevano avere due o tre piani. L'alimentazione base degli Egizi era costituita da cereali. Sulle mense dei più ricchi, tuttavia, non mancavano carni, frutta e dolciumi.

I villaggi
I villaggi si trovavano lungo il fiume o i canali, vicino alle terre da coltivare. Erano costituiti da abitazioni in mattoni crudi intonacati, nelle quali luce e aria entravano da un'unica porta. Le case erano disposte in una formazione a schiera.

Le abitazioni
Nelle città non esistevano quartieri ricchi e quartieri poveri. Le case erano a uno o più piani, il tetto era a terrazza, le finestre, sbarrate con graticci di legno erano poco più che prese d'aria.

Le strade
Le strade erano strette e affollate per la presenza di merci e di persone.

Al mercato
Nel mercato delle città si scambiavano i prodotti che quotidianamente arrivavano dalla campagna e il pesce del Nilo, una delle poche fonti di proteine riservate anche ai ceti più poveri. All'interno dei mercati si scambiava anche il bestiame.

Storia e storie...

LE FESTE DEI NOBILI EGIZI

All'interno delle loro lussuose dimore, i nobili egizi amavano ostentare la propria ricchezza e i suoi agi. Vivere in villa significava «apparire», quindi ricevere ospiti, intrattenerli, offrire banchetti e svaghi. All'interno dei giardini di queste nobili dimore, tra vasche di ninfee, piante ornamentali e da frutto, gli ospiti e i padroni di casa si intrattenevano allietati da danzatori e musicisti.

Imbarcazione
per il trasporto
delle merci.

Approdi
Ogni giorno numerose imbarcazioni percorrevano il fiume nelle due direzioni. Lungo il Nilo erano attrezzati approdi che ciascun villaggio doveva mantenere sicuri ed efficienti.

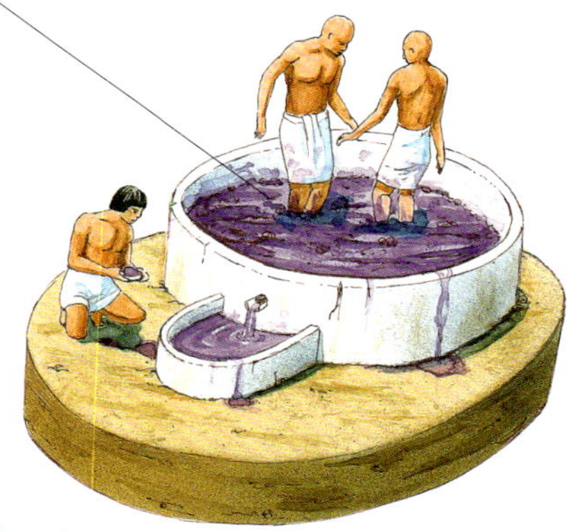

La pigiatura dell'uva
Dopo la vendemmia, l'uva era pigiata in bacini di raccolta con una apertura su un lato. Il succo colava dentro un contenitore e i residui venivano spremuti nuovamente in un rudimentale strettoio a forma di sacco.

La battitura del grano
La battitura del grano era affidata ai buoi che, calpestando il raccolto, consentivano di separare il grano dalla spiga.

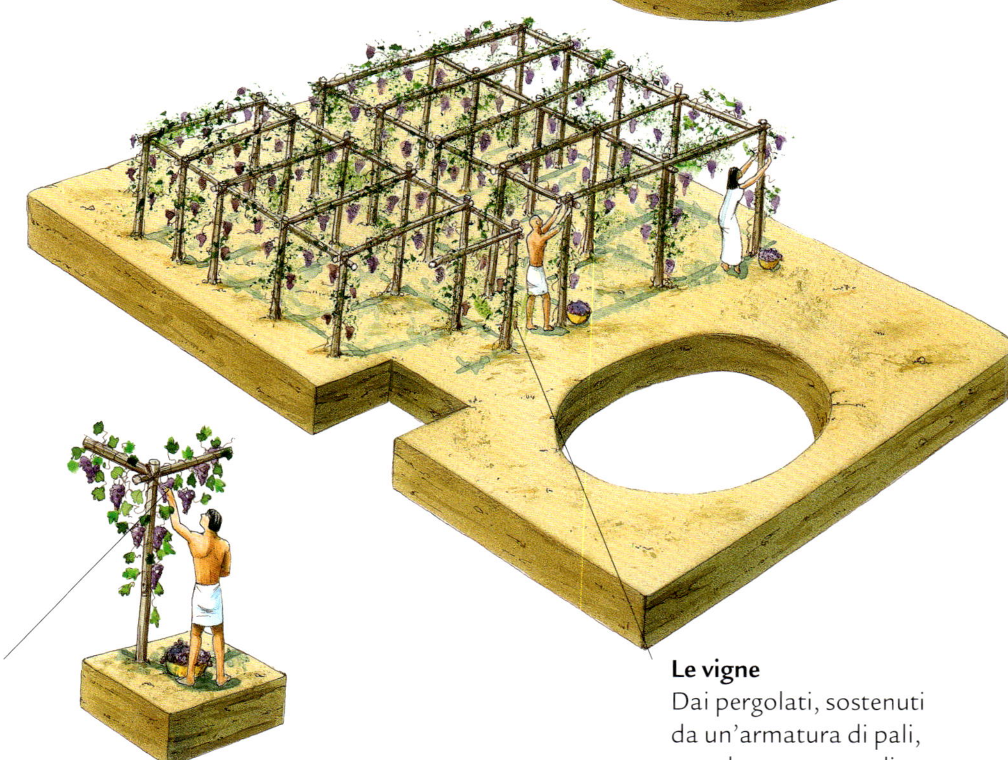

La vendemmia
L'uva raggiungeva la maturazione quasi contemporaneamente al grano.

Le vigne
Dai pergolati, sostenuti da un'armatura di pali, scendevano grappoli rosseggianti.

Lo *shaduf*
Per attingere dai pozzi o dal fiume e riempire i canali, gli Egizi si servivano di uno strumento chiamato *shaduf*, in uso ancor oggi. Si tratta di una lunga pertica oscillante alle cui estremità sono legati un grande otre e un contrappeso.

Le opere idrauliche
I contadini erigevano argini per controllare gli effetti di una piena troppo violenta. Creavano canali di scorrimento e bacini per conservare le acque e irrigare i terreni non bagnati da piene troppo scarse.

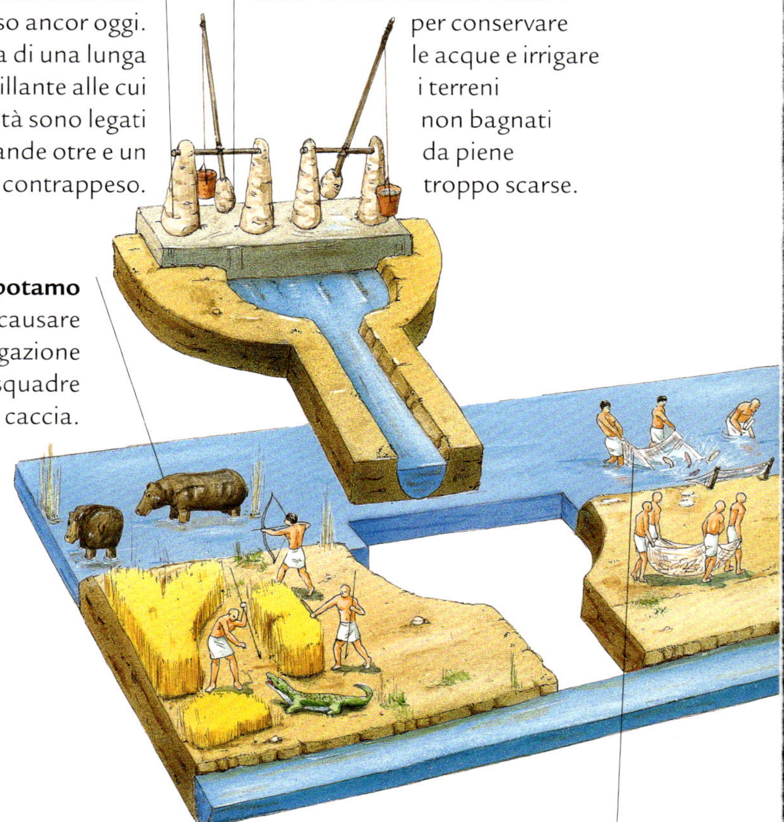

La coltivazione del papiro
La coltivazione del papiro era molto diffusa nell'antico Egitto. In epoca predinastica, con fasci di canne di papiro legati si costruivano le imbarcazioni.

Caccia all'ippopotamo
L'ippopotamo poteva causare danni alla navigazione e ai raccolti: perciò squadre di uomini gli davano la caccia.

La pesca con la sciabica
La pesca con la sciabica era praticata soprattutto nel periodo storico chiamato Antico Regno. La sciabica, una grossa rete a strascico, veniva distesa in acque basse, in cui i pescatori potevano camminare.

L'asino
L'asino è ancora oggi è l'animale preferito dalle tribù nomadi o dagli abitanti delle oasi per le necessità di tutti i giorni.

Contadini che setacciano il grano.

La mietitura
Il grano era tagliato all'altezza del ginocchio del mietitore con falci di legno provviste di schegge di selce. Riunito in covoni, veniva trasportato in grosse ceste tenute sulle spalle.

I granai
Costruiti su una base di fango secco, i granai erano a pianta circolare con una finestrella in alto e una in basso.

IL GRANDE FIUME

Il Nilo era la principale via di comunicazione dell'antico Egitto. La presenza umana era molto forte: pescatori, contadini e trasportatori di prodotti agricoli si muovevano lungo le sue rive e i suoi canali, ciascuno praticando le proprie attività.

I magazzini del grano
Dopo la mietitura, i contadini stivavano il raccolto all'interno di grandi silos. I contadini versavano un tributo in natura al faraone.

Il tempo del raccolto
Durante il raccolto, il lavoro nei campi diventava febbrile. Quello era anche il momento in cui sistemare argini, dighe e canali per prevenire i danni di un'inondazione violenta.

Le ricchezze del Nilo
Attorno al fiume Nilo cresceva una flora spontanea di papiro, ninfea, loto, canna e acacia. Anche la numerosa fauna dipendeva dal fiume: ippopotami, coccodrilli, antilopi, gazzelle, uccelli da palude e molte varietà di pesci.

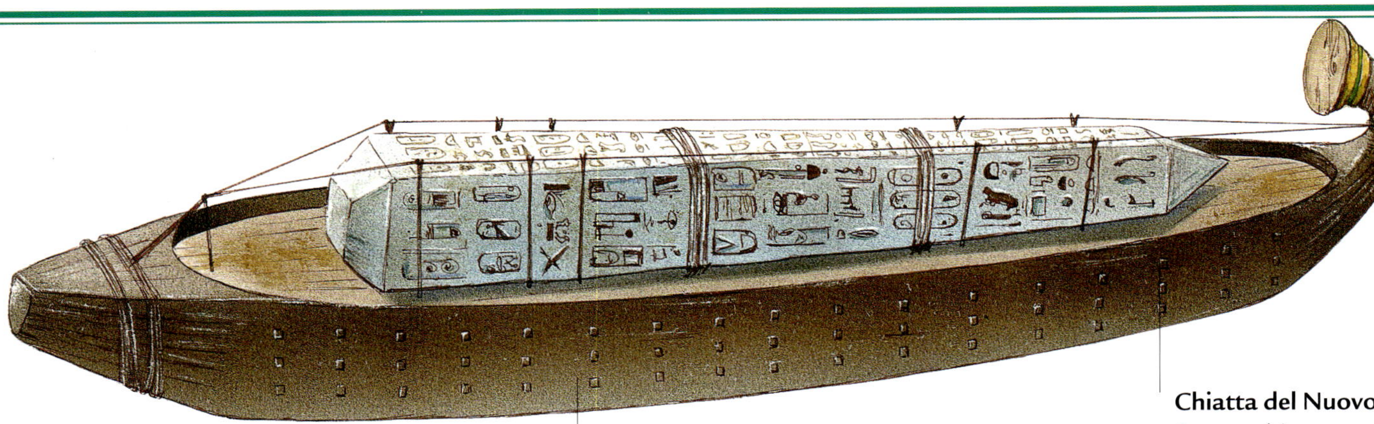

Il legno dello scafo
Per costruire le navi, durante il Nuovo Regno si usavano soprattutto alberi di acacia o sicomoro.

Chiatta del Nuovo Regno
Su una chiatta come questa, nel XV secolo a.C., la regina Hatshepsut fece trasportare due obelischi dalle cave di Assuan fino al tempio di Karnak, a Tebe.

Le case signorili
Le case signorili avevano in genere pianta rettangolare e un solo piano. Erano circondate da un muro di cinta.

I tessuti
Fin dai tempi più antichi la pianta del lino forniva la fibra con cui gli Egizi tessevano i loro abiti.

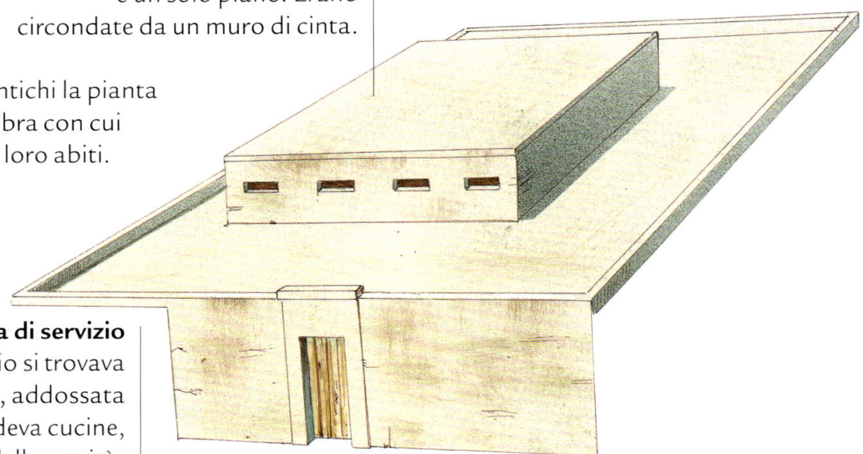

La zona di servizio
La zona di servizio si trovava all'esterno della casa, addossata al muro di cinta. Comprendeva cucine, magazzini e stanze della servitù.

La sala di ricevimento
Era il luogo in cui il padrone di casa riceveva gli ospiti.

Il cortile di disimpegno
Il cortile di disimpegno era una sorta di corridoio per il quale passavano i fornitori.

Barca del faraone
Questo tipo di imbarcazione era destinata al trasferimento dei sovrani durante l'Antico Regno.

Barca funeraria dell'Antico Regno
Navi come questa venivano sepolte con il defunto per accompagnarlo nel viaggio nell'aldilà.

Le case dei villaggi
Erano per lo più alte e strette, spesso costruite su fondazioni di pietra.

Il lavoro delle donne
Nelle aie delle grandi fattorie o nelle povere abitazioni dei contadini, le donne avevano il compito di preparare i prodotti del raccolto recente per la conservazione e la consumazione. Esse macinavano e impastavano i cereali, cuocevano i cibi, si occupavano della preparazione della birra e sigillavano le conserve nei vasi.

I prodotti della terra
Nell'Antico Egitto si coltivavano con grande profitto il frumento, il sorgo, l'orzo, molti ortaggi, l'avena, la vite, i datteri e il lino, con le cui fibre si tessevano gli indumenti.

Il tetto
Il tetto delle abitazioni aveva un sostegno costituito da travi di legno di palma e rivestimento di paglia.

I TEMPLI

Durante il Nuovo Regno i riti religiosi si svolgevano in grandi templi composti da cortili, portici e sale considerate dimore delle divinità. Il tempio si trovava nel cuore di un gruppo di edifici, dimora del dio e del faraone. La sua struttura era sempre uguale, perché si diceva che fosse stata fissata rigidamente dagli stessi dèi. I templi possedevano grandi ricchezze e controllavano grandi estensioni di terra che producevano grano, frutta e verdura.

I riti
Spettava solo ai sacerdoti di rango superiore avvicinarsi alla statua del dio alla quale, tre volte al giorno, venivano portati cibo e bevande.

Gli officianti
Il faraone aveva il compito di svolgere i doveri di alto sacerdote in ogni tempio dell'Egitto, ma queste funzioni erano svolte di solito dal capo dei sacerdoti. Nei templi maggiori il grande sacerdote aveva enormi poteri e controllava le ricchezze contenute al suo interno.

Per i faraoni defunti
Nel santuario erano conservati anche i cibi che, dopo il pasto del dio, i sacerdoti offrivano ai faraoni defunti i cui nomi erano incisi su un muro nel retro del tempio.

La preparazione dell'affresco
Gli artigiani dividevano la superficie da dipingere in riquadri destinati alle varie parti della figura umana secondo il canone.

La pittura fonte di conoscenza
Le pitture murali riportate alla luce sono un'inesauribile fonte di conoscenza sull'abbigliamento degli Egizi, sugli utensili usati, sulle loro attività quotidiane.

Storia e storie...

IL TEMPIO DI KARNAK

Il complesso templare di Karnak, situato alla destra del fiume Nilo, racchiude al suo interno gran parte della storia dell'Egitto dei faraoni: i suoi templi, infatti, sono stati edificati a partire dalla XII dinastia (Medio Regno) sino all'ultima dinastia egizia, la XXX, in un arco di tempo che copre quasi 1600 anni, dal 2000 a.C. alla metà del III secolo a.C. Il complesso templare di Karnak, durante l'età di Ramses II, divenne una vera e propria potenza politica ed economica: al suo interno, infatti, lavoravano più di 80.000 uomini, che si occupavano di 400.000 capi di bestiame.

LA GUERRA

Nel corso del Nuovo Regno, i faraoni espansero i confini dell'Egitto a sud, verso la Nubia, e a est, scontrandosi con gli Ittiti. L'esercito egizio era una macchina estremamente complessa e moderna: anticipando le strategie che Napoleone ha riproposto solo 3000 anni dopo, gli Egizi avevano suddiviso il proprio esercito in corpi d'armata, all'interno dei quali erano presenti fanti, carrieri (soldati che combattevano a bordo di carri) e uomini addetti ai rifornimenti.

Un esercito di professionisti
Gli eserciti egizi erano formati da soldati di professione che si trasmettevano il mestiere di padre in figlio. Periodicamente, lo «scriba delle reclute» arruolava nuovi elementi che venivano addestrati in caserma. Capo supremo di tutte le truppe era il faraone, cui erano sottoposti i vari comandanti.

Fanti
I fanti erano armati di daga e di lancia in bronzo e si proteggevano il corpo con uno scudo di legno, sul quale era stesa una pel e in cuoio, e con una corazza di lino.

Carrieri
I carri da guerra egizi erano ispirati a quelli degli invasori Hyksos: si trattava di leggeri carri da guerra a due posti, dotati di ruote raggiate e trainati da due cavalli.

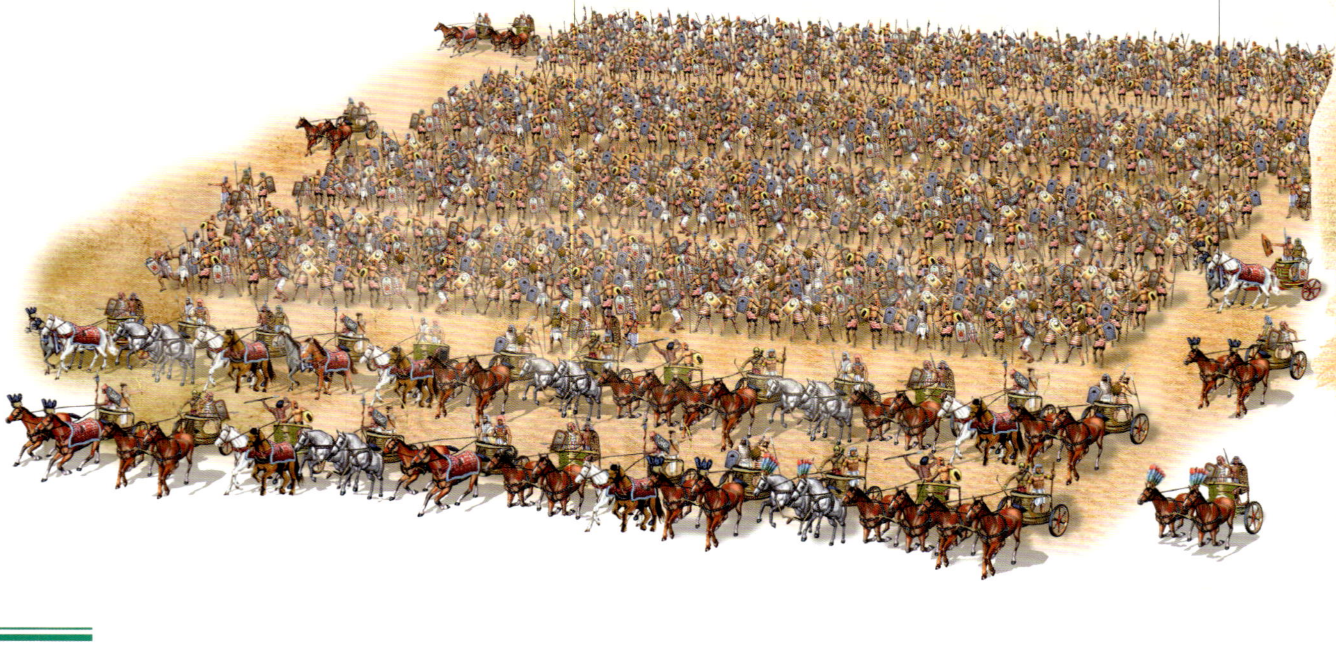

Ramses II
Sul suo carro da guerra Ramses II guidò all'attacco la divisione Amon durante la battaglia di Kadesh.

Storia e storie...

LA BATTAGLIA DI KADESH

Nel 1285 a.C., le forze di Ramses II si scontrarono con gli Ittiti per il possesso della Siria non lontano dalla città di Kadesh, sulle rive del fiume Oronte. Le divisioni egizie furono travolte dai carri ittiti: secondo le fonti egizie, solo il coraggio del faraone impedì agli Ittiti di conquistare il campo. L'arrivo dei rinforzi mise in fuga gli Ittiti e gli Egizi sostennero a quel punto di essere i vincitori.

Un sovrano valoroso
Ramses II, in segno di disprezzo verso il nemico, non indossò alcun tipo di armatura. Egli, infatti, aveva solo la corona da combattimento.

Armi di bronzo
Al contrario degli Ittiti, gli Egizi non lavoravano il ferro. Le loro armi erano in bronzo.

L'EGITTO DEI TOLOMEI

Ramses III (1194-1163 a.C.) fu l'ultimo grande faraone; un secolo dopo la sua morte l'Egitto attraversò la fase del Terzo Periodo Intermedio (1085-332 a.C.), durante il quale entrò in crisi. Nel 662 a.C. l'Egitto fu conquistato dagli Assiri, mentre nel 525 a.C., dopo un breve periodo di indipendenza, dai Persiani. Nel 332 a.C. i Persiani furono sconfitti da Alessandro Magno, che conquistò l'Egitto. Dopo la sua morte, sotto la dinastia dei Tolomei, l'Egitto conobbe un forte sviluppo sino alla conquista da parte dei Romani nel 30 a.C.

La dinastia dei Tolomei
I Tolomei (nella foto, un cammeo con i profili di Tolomeo II e di sua moglie Arsinoe) dominarono in Egitto dal 306 a.C. sino alla morte di Cleopatra nel 30 a.C.

Alessandro Magno
Il più grande conquistatore dell'Antichità, Alessandro Magno, nel 332 a.C. strappò al Gran Re Dario III di Persia tutto l'Egitto.

La città di Alessandria
Nel 323 a.C., seguendo il disegno di Alessandro Magno che desiderava fondare città che portassero il suo nome in ogni provincia del suo impero, l'architetto Dinocrate elaborò il progetto urbanistico della città di Alessandria. In breve tempo questa città, costruita sulla costa, nei pressi del Delta del Nilo, divenne uno dei porti più importanti del Mediterraneo.

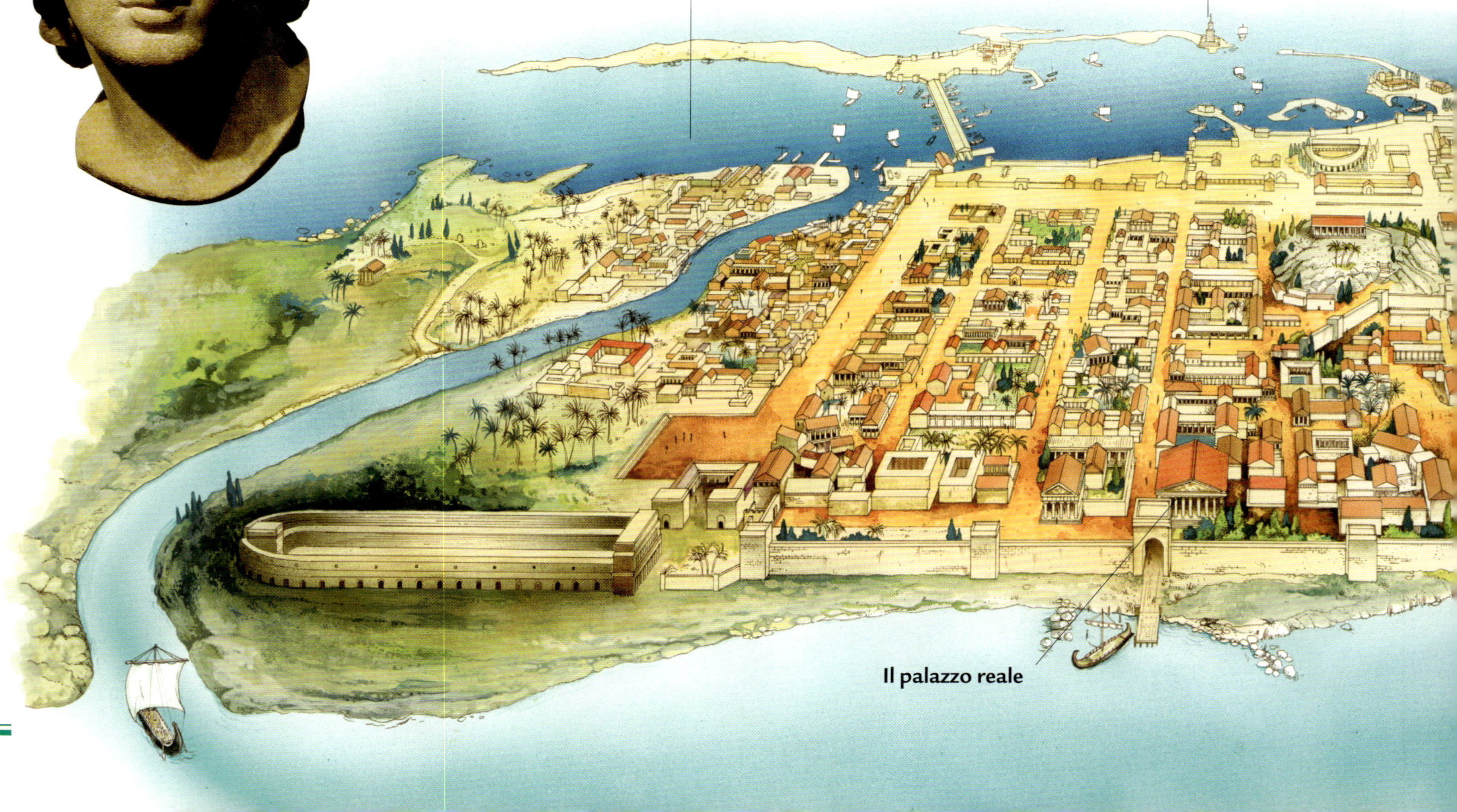

Storia e storie...

La Biblioteca di Alessandria

All'interno della città sorgeva il grandioso palazzo dei Tolomei che ospitava il Museo (luogo delle Muse), simile a una università moderna, dotato di una biblioteca i cui volumi coprivano tutti i campi del sapere umano. Secondo le fonti storiche, la Biblioteca di Alessandria avrebbe contenuto al suo interno almeno 700.000 volumi. La Biblioteca fu in parte distrutta durante la permanenza del condottiero romano Giulio Cesare in Egitto (48 a.C.) e bruciò del tutto durante il III secolo d.C.

La pianta «a griglia»
La pianta di Alessandria si basava su un progetto ippodameo, dal nome dell'architetto e urbanista greco Ippodamo da Mileto: le costruzioni erano edificate lungo un reticolo regolare costituito da due strade che si intersecavano ad angolo retto e da strade parallele più strette.

LA RISCOPERTA DEGLI EGIZI

La storia dell'Egitto rimase a lungo dimenticata: la chiusura dei templi pagani da parte dell'imperatore romano Teodosio nel 391 d.C. aveva portato alla scomparsa dell'uso e della comprensione dell'alfabeto geroglifico. L'Egitto, pur restando nella memoria collettiva degli Europei perché citato nella Bibbia, fu studiato solo a partire dal XVIII secolo. La campagna di Napoleone in Egitto, infatti, a partire dal 1798, offrì agli storici francesi l'opportunità di studiare da vicino i resti di quell'antica civiltà.

Il mito dell'Egitto
L'Egitto, con i suoi tremila anni di storia, ha affascinato e affascina tuttora archeologi e milioni di visitatori.

Scrittura come rebus
La scrittura geroglifica, la cui più antica testimonianza risale al 3000 a.C., rappresentava tanto l'uomo quanto il mondo che lo circondava (piante, animali ecc.). All'origine della scrittura geroglifica ciascun segno era usato come pittogramma, cioè indicava figurativamente il suo significato, ma in seguito la necessità di esprimere concetti astratti e nomi propri portò all'utilizzo dei segni anche per il loro valore fonetico, secondo il principio dei «rebus».

Una scoperta fondamentale
Nel 1799, i soldati francesi di Napoleone, durante alcuni scavi, scoprirono la stele di Rosetta, una lastra di granito scuro che riportava un'iscrizione con tre differenti grafie: geroglifico, demotico (un'altra forma di grafia egizia) e greco.

I geroglifi
Un erudito greco, Clemente Alessandrino, vissuto nel II secolo d.C., definì i segni alla base della scrittura egizia come geroglifi, cioè «segni sacri incisi».

La stele di Rosetta
La stele prese il nome dalla città di Rosetta, in cui fu scoperta.

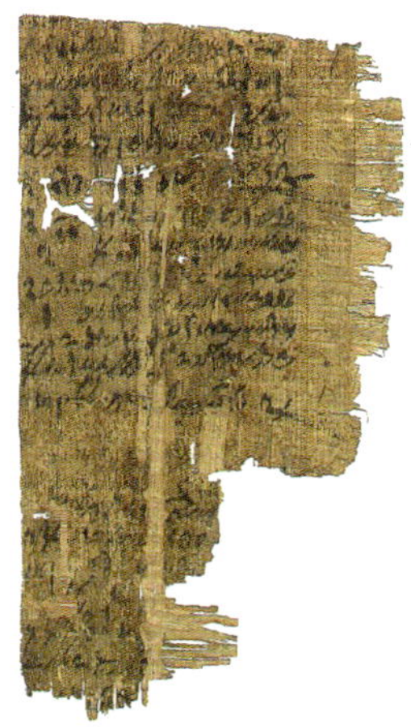

La scrittura ieratica e la scrittura demotica
Con il tempo, per comodità, i geroglifici vennero tracciati in maniera stilizzata, chiamata scrittura ieratica. In età tarda (VII secolo a.C.) si diffuse una scrittura ancora più rapida e semplice, adatta alle necessità quotidiane e derivata da quella ieratica: si chiamò demotica cioè «popolare».

La stele di Rosetta
La stele di Rosetta riporta un decreto di Tolomeo V del 196 a.C. in tre scritture, una delle quali, in alfabeto greco, era già nota.

Un confronto
Nel 1822 il francese Jean-François Champollion (1790-1823) decifrò i geroglifici della stele di Rosetta. Partendo dalla forma greca del nome Tolomeo, Champollion ne identificò la forma geroglifica, da cui partì per individuare la chiave di lettura della misteriosa scrittura egizia.

Storia e storie...

Musei di antichità egizie nel mondo

La più importante raccolta di reperti archeologici dell'antico Egitto si trova al Museo Egizio del Cairo, dove si possono osservare numerose mummie e la preziosa collezione di reperti trovati nella tomba di Tutankhamon. In Europa troviamo numerose raccolte rilevanti, come quella del British Museum di Londra, quella del Louvre di Parigi, quelle del Museo Egizio di Torino e di quello di Berlino, dove è possibile ammirare il busto della regina Nefertiti. Anche negli Stati Uniti troviamo raccolte importanti al Museum of Modern Art di New York, al Museum of Fine Arts di Boston e al Museum of Archaeology and Anthropology dell'Università della Pennsylvania.

Indice

Credit

Abbreviazioni: a, alto; b, basso; c, centro, d, destra; s, sinistra.

Illustrazioni:
Alessandro Bartolozzi: 4, 11bs, 30a; Giacinto Gaudenzi: 31a; Alessandro Menchi: 44; MM Comunicazione: 6c, 7cs e cd, 18-19, 20-23, 32, 34-35, 36-39, 40, 40-41c; Andrea Orani: 30-31; Lorenzo Paganelli: 10, 42bs, 43ad; Claudia Saraceni: 14, 17, 47; Sergio: 5, 6b, 7a, bs e bd, 8, 11ad, 12-13, 15, 25, 27, 28, 29, 33, 41a e d, 42-43, 45, 46; Studio Inlink: 16.

Fotografie
Fotografie, riproduzioni e documenti provengono dall'Archivio VoLo publisher srl